하루 한 권 학습만화 9

세계의역사

KB194819

KADOKAWA MANGA GAKUSYU SERIES SEKAI NO REKISHI
EUROPE NO SEKAISHINSHUTSU 1600-1790NEN

©KADOKAWA CORPORATION 2021

Korean Translation Copyright © 2022 by Korean Studies Information Co., Ltd.

First published in Japan in 2021 by KADOKAWA CORPORATION, Tokyo.

Korean translation rights arranged with KADOKAWA CORPORATION, Tokyo through Eric Yang Agency Inc, Seoul.

일러두기

이 책은 세계사를 바라보는 다양한 시각 및 국제정치적 감각을 길러주기 위한 목적으로 기획되었다. 원서는 비교역사학을 토대로 서술되어 특정 국가의 시각에 치우치지 않고 세계 각국의 다양한 역사적 사실에 기반을 두고 있다. 다시 말해 우리 민족의 관점으로 바라본 세계사가 아님을 밝힌다.

다만 역사라는 학문의 특성상 우리나라 학계 및 정서에 맞지 않는 영토분쟁·역사적 논쟁점도 분명히 존재한다. 편집부 역시 이러한 사실을 인지하고, 국내 정서와 다른 부분은 되도록 완곡한 단어로 교정했다. 그러나 오늘날 발생하는 수많은 역사 분쟁을 다양한 시각에서 논의할 수 있도록 필요한 부분은 원서의 내용을 살려 편집했다. 교육 자료로 활용하거나 아동이 혼자 읽는 경우 이와 같은 부분에 지도가 필요할 수 있음을 당부드린다.

세계의 역사

도쿄대학 명예 교수 하네다 마사시 감수

9 유럽의 세계 진출

등장인물

제1장 절대주의와 패권을 둘러싼 잡음

프랑스에서는 '루이 14세'에 의해 절대왕정이 수립되었고, 잉글랜드에서는 시민혁명이 일어났다.

잉글랜드

의회파

올리버 크롬웰
청교도 정치가, 공화정을 수립함

스튜어트 왕가

대립 ↔

찰스 1세
'청교도 혁명'으로 처형된 국왕

찰스 2세
'왕정복고'로 국왕으로 즉위함

사촌·밀약 관계

프랑스

루이 14세
중상주의 정책을 추진해 '절대왕정'이라 불리는 프랑스의 전성기를 구축함

마자랭
어린 루이 14세를 보좌한 재상

콜베르
루이 14세를 섬긴 재무장관

영국

월폴
영국의 초대 총리로 취임하고 내각을 구성함

하노버 왕가

조지 1세
하노버 왕가 초대 국왕

큰아버지·조카

빌럼 3세
'명예혁명'을 주도한 의회에 의해 국왕으로 초빙돼 즉위함

부부

메리
잉글랜드 왕가 출신. 남편과 함께 즉위함

네덜란드

제2장 아시아로 진출하는 동인도 회사

유럽 각국이 동남아시아·남아시아 일대에 진출하면서 마침내 식민지를 둘러싼 패권 경쟁이 격렬해졌다.

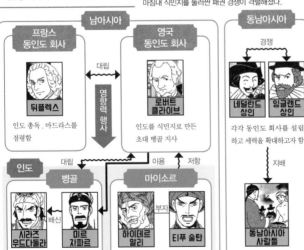

남아시아

프랑스 동인도 회사

뒤플렉스
인도 총독. 마드라스를 점령함

대립 ↔
영향력 행사

영국 동인도 회사

로버트 클라이브
인도를 식민지로 만든 초대 벵골 지사

대립 〜〜〜
이용 / 저항

동남아시아

경쟁 ↔

네덜란드 상인 / **잉글랜드 상인**
각각 동인도 회사를 설립하고 세력을 확대하고자 함

지배 ↓

동남아시아 사람들
유럽 각국이 진출하면서 식민 지배가 시작됨

인도

벵골

시라즈 우드다울라
벵골 토후

배신 ↓

미르 자파르
영국 편으로 붙은 사령관

마이소르

하이데르 알리
군사 총사령관 겸 수석 대신

부자

티푸 술탄
아버지의 뒤를 이어 근대화를 시도함

주요 사건

1640년
청교도 혁명 시작

1697년
표트르 1세의 유럽 사절단 파견

1757년
플라시 전투 발발

1763년
영국 – 프랑스 – 스페인 간 파리 조약 체결

제3장 아메리카 식민지와 노예무역

유럽 각국이 아메리카로 진출해 식민지를 건설하던 이 시기 남아메리카에서는 노예무역이 시작되었다.

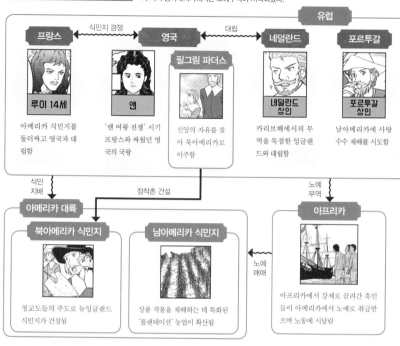

유럽

프랑스 ← 식민지 경쟁 → **영국** ← 대립 → **네덜란드** **포르투갈**

필그림 파더스

루이 14세
아메리카 식민지를 둘러싸고 영국과 대립함

앤
'앤 여왕 전쟁' 시기 프랑스와 싸웠던 영국의 국왕

신앙의 자유를 찾아 북아메리카로 이주함

네덜란드 상인
카리브해에서의 무역을 독점한 잉글랜드와 대립함

포르투갈 상인
남아메리카에 사탕수수 재배를 시도함

식민 지배 / 정착촌 건설 / 노예 무역

아메리카 대륙

북아메리카 식민지
청교도들의 주도로 뉴잉글랜드 식민지가 건설됨

남아메리카 식민지
상품 작물을 재배하는 데 특화된 '플랜테이션' 농업이 확산됨

아프리카

노예 매매

아프리카에서 강제로 끌려간 흑인들이 아메리카에서 노예로 취급받으며 노동에 시달림

제4장 러시아 제국의 형성

러시아는 '표트르 1세'와 '예카테리나 2세'의 치세를 거치면서 강대국 반열에 오르게 되었다.

러시아

로마노프 왕가

표트르 1세 ← 이복 남매 → **소피아**
유럽의 기술과 문화를 도입해 근대화에 힘씀

소피아
표트르 1세의 이복 누나로 섭정을 맡음

미하일 로마노프
로마노프 왕가 초대 차르

알렉산드르 1세
할머니의 뜻을 이어 받은 차르

알렉세이
로마노프 왕가 제2대 차르

예카테리나 2세
계몽전제군주로서 영토 확장을 추진해 강대국으로 이끎

조손

류리크 왕가

이반 3세
모스크바 대공. 몽골 칸국의 지배를 끝냄

이반 4세
전제정치를 펼쳐 '뇌제'로 불린 차르

조손

카자크

반란

푸가초프
18세기 후반 대규모 반란을 일으킨 인물

스텐카 라진
17세기 후반 농민반란을 지도함

공격

스웨덴

칼 12세
표트르 1세와 대북방 전쟁을 벌임

독자 여러분께

9

유럽의 세계 진출

도쿄대학 명예 교수 **하네다 마사시**

9권에서는 17세기부터 18세기의 잉글랜드(영국), 프랑스, 네덜란드, 러시아 등 유럽 각국의 동향을 다룹니다. 이 시기 유럽에서는 왕이나 제후 사이에 30년 전쟁과 같은 수많은 다툼이 거듭되면서 오늘날 우리가 알고 있는 '주권 국가'라는 국가의 기본 체제가 서서히 받아들여졌습니다. 동시에 두 번의 혁명을 거쳐 의회정치를 제도화한 영국, 절대왕정을 확립한 프랑스, 공화정을 취한 네덜란드, 유럽을 따라 근대화를 추진한 러시아처럼 각국의 특징적인 정치·사회구조 역시 함께 구축되었죠.

한편 유럽 각국은 아메리카에서 식민지 사업을 본격적으로 진행했습니다. 이로써 북아메리카에는 이민자들로 인해 독자적인 사회가 건설되었고, 남아메리카와 카리브해에는 노예를 이용한 대규모 설탕 생산이 시작되었습니다.

이 무렵 아시아에는 그때껏 세력을 형성했던 포르투갈 상인을 대신해 주요 국가에 설립된 '동인도 회사'라는 회사가 유럽과 아시아 간의 무역을 독점했습니다. 그중 네덜란드 동인도 회사는 나가사키의 데지마 섬에 세워진 네덜란드 상관을 거점으로 활동했고, 영국 동인도 회사는 18세기에 들어 남아시아를 식민 지배하려는 움직임을 보였습니다.

9권에서 다루는 역사는 유럽인들이 세계적으로 영토를 크게 넓히던 시기라는 점을 알아주시기 바랍니다.

당부의말씀

- 이 도서의 원서는 일본 문부과학성이 발표한 '2008 개정 학습지도요령'의 이념, '살아가는 힘'을 기반으로 편집되었습니다. 다만 시대상을 반영하려는 저자의 의도적 표현을 제외하고, 역사적 토론이 필요한 표현은 대한민국 국내의 정서를 고려해 완곡하게 수정했습니다.

....

- 인명·지명·사건명 등의 명칭은 대한민국 초·중·고등학교 교과서를 바탕으로 삼되, 여러 도서·학술정보를 참고해 상대적으로 친숙한 표현으로 표기했습니다.

....

- 대체로 사실로 인정되는 역사를 기반으로 구성했습니다. 다만 정확한 기록이 남지 않은 등장인물의 경우, 만화라는 장르를 고려해 쉽고 재미있게 읽을 수 있도록 대화·배경·의복 등을 임의로 각색했습니다. 또 역사의 흐름을 이해하는 데 도움이 되도록 만화에 가공인물을 등장시켰습니다. 이러한 가공인물에는 별도로 각주를 달아 표기했습니다.

....

- 연도는 서기로 표기했습니다. 사건의 발생 연도나 인물의 생몰년이 불분명한 경우에는 일반적으로 통용되는 시점을 채택했습니다. 또 인물의 나이는 앞서 통용된 시점을 기준으로 만 나이로 기재했습니다.

....

- 인물의 나이는 맞춤법에 어긋나더라도 '프리드리히 1세'처럼 이름이 같은 군주의 순서 표기와 헷갈리지 않도록 '숫자 + 살'로 표기했습니다. 예컨대 '스무 살, 40세'는 '20살, 40살'로 표기했습니다.

1700년경의 세계

하네다 마사시 교수님

유럽인들은 근대 국가의 틀을 정비하는 한편, 아메리카나 아시아 각지에 본격적으로 진출해 세계적인 규모의 무역 · 지식 네트워크를 확립했습니다.

'강희제'의 치세
(1661년~1722년)

청(淸)의 황제인 강희제가 영토 확장, 상업 육성 등 전성기의 기초를 닦음

영국의 13개 식민지 건설
(1732년)

B

마지막 식민지인 조지아가 건설되면서 훗날 미국으로 독립할 13개 식민지가 형성됨

아코 사건
(1702년)

아코 번주 '아사노 나가노리'의 가신들이 '기라 요시히사'에게 복수한 사건. 훗날 일본 전통극으로 자리잡음

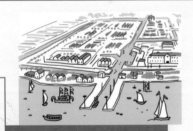

네덜란드 동인도 회사의 아시아 무역 (1700년경)

D

바타비아에 거점을 둔 이들은 아시아에서의 무역으로 큰 수익을 얻음

'아우랑제브'의 영토 확장
(1680년대)

남인도를 침공하면서 무굴 제국 역사상 가장 광활한 영토를 차지함

① 이 무렵 일본에도 네덜란드 상선이 찾아와서 나가사키에서 무역이 이루어졌어요.

 ② 네덜란드 동인도 회사 말이죠? 이 시기부터 유럽 사람들의 활동 범위가 아시아나 아메리카 등 전 세계로 늘어났답니다.

 ③ 유럽 각국은 유럽뿐만 아니라 다른 지역에서도 치열하게 전쟁을 벌이고 있네요.

 ④ 다른 지역의 국가들과는 대조적이죠? 하지만 역설적으로 이렇게 전쟁이 일어나면서 국가의 발전 방향과 국제질서를 위한 기본 규칙이 생겨났습니다.

잉글랜드 명예혁명
(1688년~1689년)

국왕인 '제임스 2세'와 대립하던 잉글랜드 의회가 네덜란드에서 새로운 국왕을 초빙함

'표트르 1세'의 유럽 탐방 출발(1697년) C

탐방을 끝내고 귀국한 표트르 1세가 러시아의 근대화를 추진함

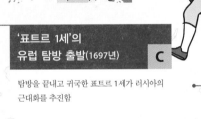

'루이 14세'의 치세
(1643년~1715년) A

중상주의 정책을 시행해 국력을 기르고 침략전쟁을 벌여 영토를 확장함

오스만 제국의 제2차 빈 포위
(1683년)

오스만 제국의 술탄 '메흐메트 4세'가 오스트리아의 수도인 빈을 포위했으나 패배함

◀ 다음 페이지에서 자세한 설명을 확인하세요

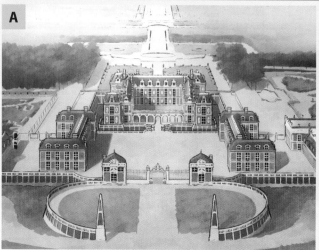

루이 14세의 베르사유 궁전 건축

루이 14세는 파리 교외 베르사유에 있던 '루이 13세'의 별장을 휘황찬란하게 확장해 왕궁으로 삼았다. 거액을 들여 건축물과 정원을 짓고 방을 예술품으로 장식해 국내외에 프랑스 국왕의 힘을 드러냈다.

플랜테이션 확산 담배 재배를 위한

유럽인들이 담배를 습관적으로 피우게 되자 북아메리카에서는 버지니아 식민지를 중심으로 담배 경작지를 확장해 대규모 플랜테이션을 형성했다. 이때 아프리카에 살던 흑인을 값싸게 사들여 노예로 취급하면서 강제로 노동을 시켰다.

러시아 표트르 1세의 근대화 정책 추진

표트르 1세는 유럽 각국을 탐방하고 나서 많은 기술자를 데리고 돌아와 군사 · 행정 · 재정 분야를 개혁해 러시아의 근대화를 추진했다. 동시에 턱수염을 금지하는 식으로 풍속적인 부분까지 유럽식으로 바꾸었다.

일본

나가사키 데지마 섬 중심의 일본-네덜란드 무역

네덜란드 동인도 회사는 에도 막부가 제한적으로 허락한 데지마 섬에서 일본과 무역했다. 데지마 섬은 나가사키 부교가 관리했는데, 1698년부터 상인기관인 나가사키 회소가 수입품을 일괄적으로 매입해 국내 상인들에게 유통했다.

⑨ 파노라마 연표(1600년~1790년)

서·남·동남아시아			동·북아시아	일본	
오스만 제국	무굴 제국	동남아시아	**명(明)**	세키가하라 전투(1600년)	아즈치모모야마 시대
		네덜란드의 바타비아 건설(1619년)	**후금 / 청(淸)**	도쿠가와 이에야스의 에도 막부 개막(1603년)	
		암보이나 사건(1623년)		막부 직할지 그리스도교 금지(1612년)	
				도쿠가와 이에미쓰의 제3대 쇼군 취임(1623년)	
	👤 아우랑제브 (1658년~1707년)		멸망(1644년)	시마바라의 난(1637년~1638년)	
	영국 봄베이 획득 (1661년)			포르투갈 선박 내항 금지(1639년)	
	프랑스 동인도 회사 퐁디셰리 획득(1674년)		👤 강희제 (1661년~1722년)	네덜란드 상관의 데지마 섬 이전(1641년)	
				메이레키 대화재(1657년)	
			네르친스크 조약(1689년)		
👤 아흐메트 3세 (1703년~1730년)	마라타 동맹 결성 (1708년)			아코 사건 발생(1702년) ○ 실각한 아코 번 낭인들이 기라 요시히사에게 복수함	에도 시대
	○ 무굴 제국 쇠퇴 시작		광둥에서 지정은제 시행(1717년)	유학자 아라이 하쿠세키 '쇼토쿠의 치' 주장(덕치주의, 1709년)	
			👤 옹정제 (1722년~1735년)	지카마쓰 몬자에몬 인형극 「고쿠센야 갓센」 집필(1715년)	
			○ 그리스도교 포교 금지(1724년)	도쿠가와 요시무네의 제8대 쇼군 취임(1716년) ○ 교호 개혁 시작 ○ 그리스도교와 무관한 서양 서적 수입 금지 조치 해제(1720년)	
			캬흐타 조약(1727년)	아코 사건을 소재로 한 가부키 「주신구라」 초연(1748년)	
	카나틱 전쟁 (1744년~1761년)		군기처 설치(1732년)		
			👤 건륭제(1735년~1795년)		
플라시 전투(1757년)			○ 무역 항구를 광저우 하나로 한정(1757년)		
	영국 동인도 회사 벵골 등의 징세권 획득(1765년)		○ 준가르 멸망(1758년)		
	제1차 마이소르 전쟁(1767년~1769년)			권신 다누마 오키쓰구 '로주(원로 가신)'로 임명됨(1772년)	
	제1차 영국-마라타 전쟁(1775년~1782년)			스기타 겐파쿠 등 네덜란드 의학서 번역 「해체신서」 출간(1774년)	
👤 압뒬하미트 1세 (1774년~1789년)	제2차 마이소르 전쟁(1780년~1784년)			간세이 개혁 시작(1787년)	
	제3차 마이소르 전쟁(1790년~1792년)				
	제4차 마이소르 전쟁(1799년)			다이코쿠야 고다유 러시아 예카테리나 2세 알현(1791년)	

12

연대	남 · 북아메리카	유럽					
		잉글랜드	**스페인**	**네덜란드**	**프랑스**	**신성로마 제국 (오스트리아)**	**러시아 제국**
1600년		**튜더 왕가** 동인도 회사 설립(1601년)		동인도 회사 설립(1602년)			
		스튜어트 왕가 성립(1603년)					
	잉글랜드의 버지니아 식민지 설립(1607년)	30년 전쟁 (1618년 ~1648년)					**로마노프 왕가** 성립(1613년)
	필그림 파더스를 태운 메이플라워호 플리머스 도착1620년)	🔲 찰스 1세(1625년~1649년) 청교도 혁명(1640년~1660년) 크롬웰 독재(1649년~1658년)	서인도 회사 설립 (1621년)		🔲 루이 14세 (1643년~1715년)		
	○ 잉글랜드 · 네덜란드 · 프랑스의 카리브해 지역 식민지 건설	「항해법」 제정(1651년) 영국–네덜란드 전쟁 (1652년~1674년)			베스트팔렌 조약스위스 · 네덜란드 독립 승인, 1648년)		
				상속 전쟁 (1667년~1668년)	프롱드의 난 (1648년~1653년)		스테판 라진의 난 (1670년~1671년)
	네덜란드의 식민지 '뉴암스테르담'이 잉글랜드령이 됨(1664년) → '뉴욕'으로 개칭	왕정복고(1660년) 🔲 찰스 2세(1660년~1685년) 명예혁명(1688년~1689년)		프랑스– 네덜란드 전쟁 (1672년~1678년)	동인도 회사 재편성(1664년) 낭트 칙령 폐지(1685년)		🔲 표트르 1세 (1682년~1725년)
	윌리엄 왕 전쟁 (1689년~1697년)	🔲 메리 2세(1689년~1694년), 윌럼 3세(1689년~1702년) 네덜란드와 동군연합 「권리장전」(1689년) 잉글랜드 은행 설립(1694년)		서인도 회사 해산 (1674년)	9년 전쟁 (1688년~1697년)		**네르친스크 조약(1689년)** 표트르 1세의 유럽 사절단 파견 (1697~1698년)
1700년	앤 여왕 전쟁 (1702년~1713년)		🔲 펠리페 5세 (1700년~1724년, 1724년~1746년)				대북방 전쟁 (1700년~1721년)
		스페인 왕위 계승 전쟁 (1701년 ~1713년)				**프로 이센** 건국 (1701년)	
		영국(그레이트브리튼) 성립(1707년)					
		위트레흐트 조약(1713년)					
		하노버 왕조 성립(1714년) 월폴 내각(1721년)			라슈타트 조약(1714년)	🔲 마리아 테레지아 (1740년~1780년) 🔲 프리 드리히 2세 (1740년~1786년)	**카흐타 조약 (1727년)**
	13개 식민지 성립(1732년) 조지 왕 전쟁(1744년~1748년)	오스트리아 왕위 계승 전쟁 (1740년~1748년)			오스트리아 왕위 계승 전쟁 (1740년 ~1748년)		
1750년	프렌치 인디언 전쟁 (1754년~1763년)	7년 전쟁 (1756년~1763년)			7년 전쟁 (1756년~1763년)		🔲 예카테리나 2세 (1762년~1796년)
	파리 조약(1763년)				**파리 조약 (1763년)**		제7차 러시아 –튀르크 전쟁 (1768년~1774년)
	보스턴 차 사건(1773년) 미국 독립 전쟁(1775년~1783년) 독립선언(1776년)				🔲 루이 16세 (1774년~1792년)	제1차 폴란드 분할(1772년)	푸가초프의 난 (1773년~1775년)
	미국 🔲 조지 워싱턴 (1789년~1797년)				프랑스 혁명 시작 (1789년)		제8차 러시아 –튀르크 전쟁 (1787년~1792년)
1790년	○ 초대 대통령 취임						

유럽의 세계 진출

(1600년 ~ 1790년)

하루
한 권
학습만화

세계의 역사

9

목 차

〈자켓 및 표지〉 곤도 가쓰야(스튜디오 지브리)

글로벌한
관점으로
세계를
이해하자!

세계사 내비게이터
하네다 마사시 교수

일본판 도서를 감수한 도
쿄대학의 명예 교수. 세계
적인 역사학자로 유명함

〈일러스트〉 우에지 유호

공장에서 일한 적도 있다고…

이 분은 직접 유럽으로 탐방을 떠나 기술과 문화를 배워온 군주시죠.

러시아팀 감독인 표트르 1세님이 등장하셨군요?

… 좋아.

WHSN WHSN

부, 부러워! 우리 러시아도 서유럽을 본받아 커다란 궁전을 지어야겠다!

이름은 페테르고프 궁전으로 정했다!

표트르 1세 (1672~1725)
러시아 차르

토막지식

1713년 표트르 1세는 모스크바에서 서유럽에 가까운 상트페테르부르크로 수도를 이전했습니다.

옷, 음식을 서유럽식으로 바꿔라! 수도도 옮긴다!

척 척 척

너 에??

탐방한 결과를 토대로 개혁을 시행하겠다!

단호박

흐

엉

구려.

예, 예?! 어째서요!?

그리고 너희들 이제부터 턱수염 금지다.

빌럼 3세(1650~1702)
잉글랜드 국왕※ 겸 네덜란드 통령

※ 잉글랜드 국왕으로서는
윌리엄 3세라고 부름.

이분들이 다스리던 시기에는 의회가 주도권을 가지고 법률에 따라 통치했습니다.

1689년 명예혁명을 통해 희생자를 내지 않고 아내분과 공동으로 왕으로 추대된 분입니다.

잉글랜드팀 감독인 빌럼 3세 님이 도착하셨군요!

'군림하되 통치하진 않는다'라고 하죠? 18세기에 확립된 잉글랜드 입헌군주정의 원칙을 가리키는 말입니다.

어딜 보고 계신 거죠?

훗, 우리가 군주라고 해도 의회와 협조해 일을 진행하는 편이 가장 좋은 방법일세.

아니의 아니! 점수를 따야 이기잖아! 무조건 공격부터지!

아니, 일단 수비부터 해야지!

국민의 자율성에 맡기는 것이지!

20

감독님~!

저희도 잊지 말아 주세요!

뭐… 잘되면 된 거지.

영 방침이 정해지지 않는데요...

자주 본 광경입니다.

그러다 보니 토리당과 휘그당이라는 2대 정당이 당파 싸움을 벌였어요.

후 우

와 아

와 아

오라녜 공의 '오라녜'를 영어로 발음하면 '오렌지'가 되죠. 이때부터 오렌지색이 네덜란드의 국가 상징색으로 자리 잡았답니다.

흐엉, 마음대로 하라뇨… 감독님을 존경하는 마음을 담아 주황색 유니폼까지 맞췄는데!

이럴 수가

너희 네덜란드팀은 내가 자리를 비워도 괜찮잖아?

마음대로 해도 돼.

그보다

세기에 들어 시작합니다 따위

게다가 활발한 무역 활동을 통해 경제대국으로 성장했죠.

잉글랜드

네덜란드

프랑스

이 시기 네덜란드는 왕이 없는 공화국이었기에 필요에 따라 통령을 선출하고 있었습니다.

※ 창설된 이래로 회사명이 몇 번 바뀌었으나,
이 시리즈에서는 '영국 동인도 회사'로 통일함

그래서 지금도 태국과 같은 일부 아시아권 국가에서는 여전히 잉글랜드 프리미어리그의 인기가 많죠.

잉글랜드는 이미 백 년 전에 동인도 회사를 설립해 아시아와 아메리카에 진출했다네.

PREMIER LEAGUE

꾸벅
꾸벅

필요 없어!

실례, 저희 회사 팸플릿입니다.

예예, 감독님의 그러한 노력을 뒷받침하기 위해 저희 영국 동인도 회사※도 총력을 다해 활동하고 있습죠!

나는 잉글랜드를 세계 최고의 강국으로 만드는 일로 매우 바쁘다!

네덜란드와 잉글랜드는 이 지역에 일찌감치 아시아 무역 회사를 설립하고 무역을 독점하고자 했죠.

당시 서유럽 사람들은 아프리카의 희망봉을 기준으로 동쪽 지역을 '동인도'라고 불렀습니다.

온 세상의 바다는 내 거야! 벌고 또 벌고~ 웃음이 끊이질 않는군!

앗, 본심이…

인도

서인도 동인도

희망봉

아 하 핫

여기에
유럽 각국이 휘말린
30년 전쟁으로 인해
신성로마 제국과 스페인,
그리고 양국을 통치하는
합스부르크 왕가는
위신에 큰 손상을 입었다.

흉년과 역병이
유행함에 따라
인구 증가가 멈추고,
아메리카로부터
유입되던 은의 양이
감소하면서 경제가
침체된 것이다.

17세기 유럽은
'위기의 시대'를
맞이했다.

제 1 장 절대주의와 패권을 둘러싼 잡음

24

스코틀랜드

네덜란드
공화국

잉글랜드

이런
가운데
경제적
으로
번영해
황금기를
누리던
나라가
있었다.

프랑스

신성로마 제국

이후로도
잉글랜드의
'청교도 혁명'과
프랑스의
'프롱드의 난',

또 스페인과
러시아에도
전란이
잇따르면서
정치적 위기가
고조되고
있었다.

그건 바로 1648년
베스트팔렌 조약으로
국제적 승인을 받고
스페인으로부터
독립한 '네덜란드
공화국'※이었다.

※ '네덜란드 7개주 연합공화국'이라고도 부름

1650년대 중반
홀란트 주

※1 오늘날 네덜란드의 정식 명칭은 '네덜란드 왕국'

네덜란드 공화국※1을 형성하는 7개 자치주 중에서도 특히 홀란트 주는 정치적 발언권이 강했다.

허!
이거 참
멋지군!

출판과 학문 분야에서 우리나라가 유럽의 중심이라는 사실이 자랑스러워서 말이네.

아니,

무슨 좋은 소식이라도 있나요?

HVGONIS GROTII
DE IVRE BELLI
AC PACIS
LIBRI TRES.

PARISIIS,
Apud NICOLAVM BVON, via Iacobaea, fub fignis
S. Claudii & Hominis filueftris.
M. DC. XXV.
CVM PRIVILEGIO REGIS

『전쟁과 평화의 법』(1625년)
네덜란드의 법학자 '그로티우스'의 대표작.
30년 전쟁의 비참한 경험을 토대로
전쟁 방지와 수습에 있어 자연법 이념에
기반을 둔 국제법 제정의 필요성을 주장함

수많은 최신 과학 서적과 철학 서적을 출판하고 있다지.

레이던의 섬유 산업도 빼놓을 수 없지.※2

조선과 금융 분야에서도 다른 도시들을 앞서고 있고요.

게다가 암스테르담은 이제 서유럽에서 가장 커다란 무역도시죠!

서유럽 최대의 모직물 공업도시로 여겨진다고 해요.

요즘은 얇고 질 좋은 새로운 모직물의 제조거점이자

양질의 모직물을 취급한다는 건 그만큼 무역에서 한층 더 유리해졌다는 거지.

자바 섬의 바타비아를 거점으로 향신료 무역을 독점하고 있으니 말일세.

말라카

보르네오 섬

수마트라 섬

자바 섬

바타비아

네덜란드 동인도 회사[1]도 여전히 호황을 유지하는 것 같네요.

※1 1602년 설립
※2 1621년 설립

지금은 아프리카와 남아메리카의 노예무역에서도 수익을 내고 있다고 하네.

네덜란드 식민제국

북아메리카

남아메리카

게다가 네덜란드 서인도 회사[2]는 북아메리카에 네덜란드 식민제국을 건설했는데,

그럼요, 민병대[3]가 의뢰한 작품이라죠? 훌륭했습니다!

그나저나 '렘브란트'가 그린 초상화는 봤나?

「야경」(1642년)
의뢰인과 주변 인물까지 담은 집단 초상화.
제목은 18세기 이후에 붙여짐

※3 시민이 조직한 민간 경비대

28

풍속화

더 멋있게 그릴 순 없나!

가톨릭 국가에서는 왕이나 성직자만 그림을 의뢰하지만 우리나라는 그렇지 않지.

우리 같은 시민도 부유한 상인이 되면 의뢰인이 될 수 있는 거야.

요즘에는 일상적인 모습을 그리는 풍속화도 유행하고 있다고 하더군요!

도시 문화가 꽃피우게 되었다.

인구 역시 급증했는데, 대부분 암스테르담과 같은 도시에 거주해서

이 무렵 네덜란드는 상공업이 활성화 되면서 경제가 발전했다.

한편 잉글랜드에서는 1603년 엘리자베스 1세가 사망하고 스코틀랜드 국왕 '제임스 1세※1'가 왕위를 계승하면서

양국을 결합한 동군연합이 확립되었다.

'스튜어트 왕조'가 시작된 것이다.

제임스 1세
잉글랜드 국왕

※1 당시 제임스 1세는 아일랜드 국왕도 겸함

뭐 저런!

청교도 라느니 인정 못 해!

잉글랜드 성공회의 수장은 바로 짐이다!

이후 제임스 1세는 왕권신수설※2을 주장하며 흠정역※3 성경을 간행하는 등 잉글랜드 성공회 중심의 정치체제를 강화했다.

청교도
잉글랜드 성공회보다 더 높은 차원의 개혁을 추구한 금욕주의 개신교 신자

잉글랜드 의회

이대로 가면 의회가 전하의 말대로 움직이는 꼭두각시가 되고 말 거요!

전하께선 왕권을 지나치게 강화하고 싶어 하시오!

※2 왕의 권력은 신으로부터 부여된 신성불가침한 것으로서 누구에게도 제한받지 않는다는 정치이념
※3 지배자가 직접 번역(출간)을 지시해 만들어진 인쇄물

※4 주로 귀족이나 고위 성직자 등으로 구성됨
※5 주로 지주나 부유한 상인 등으로 구성됨

후, 재정은 계속 악화되는데, 의회의 승인을 받지 못하면 세금을 매길 수 없다니!

잉글랜드 의회는 귀족원(상원)※4과 서민원(하원)※5 양원으로 구성된 양원제로 운영되었는데…

젠트리들의 협조가 없으면 나라를 다스릴 수조차 없단 말인가….

왕의 명령에 따라 움직이는 상비군도, 왕을 위해 일하는 관료도 없으니…

서민원의 대부분을 차지한 젠트리들은 과세 정책을 싫어하는 지방 유력자들인 데다가,

이 때문에 제임스 1세는 왕권신수설을 신봉하면서도 의회와의 직접적인 갈등을 회피했다.

'찰스 1세'는
30년 전쟁에
참전하면서
스페인과의
전쟁 비용을
승인받기 위해
의회를 소집했다.

제임스 1세의
뒤를 이어
왕위를
계승한 아들

찰스 1세
잉글랜드 국왕

※1 지배자가 독단적으로 행하는 정치

대사를
위해서는
어쩔 수
없지.

…
알겠다.

그 대신 앞으로
국왕이 의회의
동의 없이 세금을
매기거나 누군가를
부당하게 체포하는
일은 거부될
것입니다!

알겠습니다.
의회는
군비 지출을
승인합니다.

그러나 이듬해
찰스 1세는
의회를 강제로
해산시켰고,
이후 11년간
소집하지 않았다.

이때 의원들은
전제정치※1를
위험하다고 여겨
청원서를 제출
했는데,
이를「권리청원」
이라고 부른다.

32

※2 스코틀랜드에서는 경험 많은 신자를 장로로 선출해
　　목사와 함께 교회를 운영하게 하는 장로 제도를 시행함

1637년

전하,

스코틀랜드
에서는 장로들※2이
교회를 운영하고
있다고 합니다.

흐음…
짐의 백성들은
모두 잉글랜드
성공회의 규칙을
따르게 해라.

물론
스코틀
랜드도
마찬
가지다.

토머스 웬트워스
자작·아일랜드 총독
훗날 스트라포드 백작

그러나
스코틀랜드는
장로 제도를
고집하면서
처절하게
반발했다.

왜 우리가
잉글랜드
성공회의 규칙을
강요받아야 하는
거야!

인정할
수 없어.
군대를
소집하자
!

결국
1639년
스코틀랜드의
장로파가
반란을
일으켰다.

이에
찰스 1세는
진압군을
보냈으나
패배했다.
(주교 전쟁)※3

※3 당시 잉글랜드 성공회는 국왕을 수장으로 하고
　　대주교 아래에 주교를 두는 주교 제도를 취함

박해를 견디지 못하고 네덜란드나 신대륙으로 이주하는 국민들도 많다.

잉글랜드 성공회로 국민을 통제하는 방식은 잘못되었습니다!

1640년 다시 진압군 파병을 위해 군비 조달을 목적으로 의회가 소집 되었으나…

올리버 크롬웰
서민원 의원 · 젠트리
의회파 청교도

그 뒷수습에 세금을 쓰겠다니 인정할 수 없습니다!

전하께선 두 나라를 혼란에 빠뜨리셨 습니다!

이후 반란이 심화되자 찰스 1세는 고액의 배상금을 지불함으로써 상황을 넘기고자 했다.

그러나 배상금 조달을 위해서라도 다시 의회를 소집할 수밖에 없었다.
(장기 의회)※1

결국 의회는 3주 만에 해산되었다.
(단기 의회)

그만! 해산 하라!

턱!

※1 1640년～1653년까지 이어짐

34

말도 안 되는 …!

전제정치를 도운 국왕의 측근 스트라포드 백작의 체포와 처형을 결의한다!

1641년 잉글랜드 의회

이때 의회는 반국왕파인 의회파와 국왕을 지지하는 왕당파로 의견이 갈렸다.

분명 전하의 태도에는 문제가 있었지만 처형은 너무 심한 결정 아닌가?

왕당파
주로 귀족이나 특권 상인층으로 구성됨

국왕의 측근들을 배제해 세력을 약화시키면 의회의 힘이 강해질 것이다.

의회파
주로 젠트리나 상공업자 등 청교도로 구성됨

진압군 파병을 둘러싸고 양파는 격렬하게 대립했다.

같은 해 잉글랜드가 식민지로 취급하던 아일랜드에서 가톨릭 신자들이 반란을 일으키자

스코틀랜드

아일랜드

잉글랜드

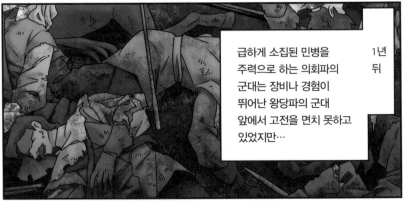

우선 수많은 개신교 신자를 학살한 아일랜드를 공격하라!

먼저 아일랜드를 침공해 가톨릭 신자들을 학살한 뒤 토지를 몰수하고

이어 혁명에 반대하며 전 국왕의 아들을 옹립한 왕당파 스코틀랜드를 공격했다.

이때 패배한 '찰스 2세'는 프랑스로 망명했다.

찰스 2세
찰스 1세의 아들

당시 네덜란드는 경제대국으로서 잉글랜드의 상업 경쟁국이었는데…

이제 문제는 네덜란드 인데…

아일랜드와 스코틀랜드는 진압했다.

뭐라고요! 우리를 내쫓고 이익을 독점할 생각인가!?

잉글랜드 본토와 그 식민지에서는 잉글랜드 상선만 거래를 허용하는 법이라고 하더군.

1651년 암스테르담

「항해법」? 그게 뭡니까?

잉글랜드는 네덜란드 상인이 주도하던 중계무역을 배제하고 잉글랜드 상인을 보호하는 새로운 「항해법」을 제정했다.

네덜란드 상인들

정권의 최고 행정관인 호국경으로 취임해 독재정치를 펼쳤다.

한편 1653년 크롬웰은 재정 문제로 대립하던 의회를 무력으로 해산시키고

이제 잉글랜드를 완전한 청교도의 나라로 만들 수 있다!

이에 네덜란드가 반발하며

1654년 잉글랜드가 우위를 점한 채로 종결되었다.

이듬해 제1차 영국─네덜란드 전쟁 (영란 전쟁)이 일어나지만,

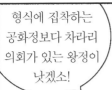

형식에 집착하는 공화정보다 차라리 의회가 있는 왕정이 낫겠소!

이러면 크롬웰은 국왕과 다를 바가 없는데요.

크리스마스를 금지한다고!?

연극이나 술까지 통제하다니, 숨 막혀!

금욕적인 청교도의 가르침으로 통제당하던 국민들 사이에

정부를 향한 반발이 고조되는 가운데, 1658년 크롬웰이 사망하면서 공화정은 점차 붕괴되어 갔다.

1662년 잉글랜드 최고의 학회인 '왕립협회'를 설립했다.

찰스 2세는 예술과 오락을 보호했고

잉글랜드에는 왕정이 부활했다. (왕정복고)

결국 1660년 프랑스로 망명했던 찰스 2세가 국왕으로 초빙되면서

흐음... 지나친 통제는 좋지 않다는 건가.

찰스 2세
잉글랜드 국왕

그즈음 프랑스에서는 재상 '리슐리외'가 국왕을 중심으로 하는 정치체제를 갖추고자 했다.

모든 권력을 전하의 권력 아래 두시지요.

루이 13세
프랑스 국왕

또 전하에게 반항하는 세력을 두고 보지 마십시오.

리슐리외
재상

이렇게 1614년을 마지막으로 전국 삼부회[1]가 소집되지 않게 되었다.

리슐리외는 뛰어난 인재를 등용해 군대와 관료제를 정비하는 한편

30년 전쟁의 군비 조달을 위해 국민들에게 무거운 세금을 부과했다.

※1 제1신분(성직자)·제2신분(귀족)
· 제3신분(시민)으로 구성된 의회

안 도트리슈
루이 14세의 친모

루이 14세
프랑스 국왕

마자랭
추기경 · 재상

1642년에는 리슐리외가, 이듬해에는 루이 13세가 세상을 떠나자

이제 전하께서 프랑스의 왕이십니다.

제가 섭정※2을 맡고 마자랭이 전하를 보필할 겁니다.

고작 4살에 불과했던 루이 14세가 왕으로 즉위했다. 이에 리슐리외의 뜻을 이어받은 '마자랭'이 재상으로 임명돼 국왕을 보좌했다.

※2 군주를 대신해 통치함

음, 알았어. 그렇게 하자.

전하, 스페인과의 전쟁이 계속되고 있으니 군비를 조달하기 위해 새로 세금 정책을 시행해야 합니다.

1648년 프랑스는 30년 전쟁에 승리하면서 신성로마 제국의 영토였던 라인 강 주변까지 영토를 넓혔다.

하지만 재정난은 여전했기에 마자랭은 새 정책을 시행했는데…

프랑스

라인 강

■ 1648년 프랑스 획득 영토

※ 최고 사법기관. 당시에는 정치권력을 가지고 귀족의 거점 역할을 함

1648년 8월
파리의 시민들과
법원의 사법관들이
함께 봉기했다.
(고등법원의 프롱드)

참을
수
없다!

더구나
세금만
늘어날
뿐이고!

여러분,
마자랭에게
항의한
사법관이
체포되었
답니다!

파리 시내

들자 하니
회계법원,
조세
법원도
마찬
가지래.

뭐?
우리에게
급여를
주지
않겠다고
!?

고등법원※

1649년 반란이
진정되지 않자
루이 14세와
마자랭은
파리에서 탈출했다.

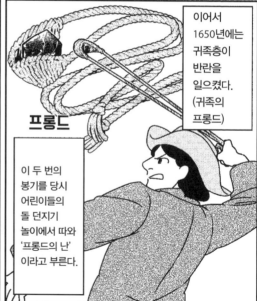

프롱드

이어서
1650년에는
귀족층이
반란을
일으켰다.
(귀족의
프롱드)

이 두 번의
봉기를 당시
어린이들의
돌 던지기
놀이에서 따와
'프롱드의 난'
이라고 부른다.

44

45

1652년
루이 14세는
파리로 돌아와

이듬해
타국으로 망명
했던 마자랭을
소환했다.

잘
돌아
왔다.

이제
길었던 반란이
진정되었으니
왕가에 안정이
찾아올
것입니다.

돌아온 마자랭은
왕권 강화를
한층 더 강하게
추진했다.

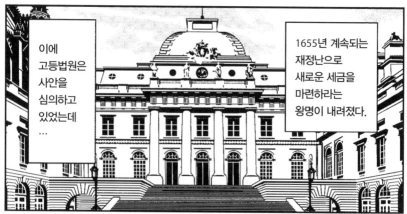

이에
고등법원은
사안을
심의하고
있었는데
…

1655년 계속되는
재정난으로
새로운 세금을
마련하라는
왕명이 내려졌다.

1661년 재상이었던 마자랭이 숨을 거뒀다.

앞으로는 재상을 임명하지 않고 짐 스스로 이 나라를 통치하겠다!

자네들은 짐의 심복이니 힘을 빌려 주게.

그 후 루이 14세는 평민 출신인 '콜베르'를 재무장관 으로 발탁했다.

콜베르, 우리나라의 재정난이 심각한 상황이다. 좋은 방도가 없겠는가?

전하, 우선 잉글랜드와 네덜란드 상품의 수입 관세를 인상하는 건 어떠십니까?

그 대신 우리가 값싸고 질 좋은 상품을 만들어서 수출을 장려하는 겁니다.

콜베르
재무장관

이와 같이 왕권이 보호하는 산업과 그 공장을 '특권적 매뉴팩처'라고 부른다.

이를 위해 국가는 공장을 건설하고 기술자에게 특권을 부여해 보호해야 합니다.

분야는 태피스트리※나 유리가 좋을 것 같습니다.

※ 여러가지 색실로 그림이나 무늬를 짜낸 직물

프랑스 동인도 회사를 다시 설립해 동인도와의 무역에 힘쓰는 겁니다.

물자를 운반하는 도로 및 운하를 정비하고

흠, 과연. 흥미롭구나. 더 말해 보아라.

이처럼 국가가 경제를 통제해 재정 기반의 강화를 꾀하는 경제 정책을 '중상주의'라고 한다.

좋다. 그대의 말대로라면 경제가 윤택해지겠군.

실행하라, 콜베르!

예!

훌륭하다! 이로써 우리 왕실의 위상이 전 세계에 떨쳐질 것이다!

1682년 루이 14세는 일전에 중건을 명령했던 베르사유 궁전이 대부분 완공되자 왕궁을 옮겼다.

베르사유 궁전은 고대 그리스 · 로마 예술의 아름다움을 이상적으로 여기는 고전주의 예술가들을 모아

많은 시간과 비용을 들여 중건 되었다.

샤를 르브룅
장식 / 화가

루이 르보
설계 / 건축가

앙드레 르 노트르
정원 / 조경가

루이 14세는
베르사유 궁전에서
귀족들의 충성심에
경쟁을 붙여 왕궁을
정치의 중심으로 삼았다.

왕궁에서
루이
14세의
생활은
…

말에도
신분에
따라
순서를
정해
놓았고

기상
하면
알현
받기

식사를
비롯한
생활 전반을
의례화했다.

모든 일에
담당자를
임명해

미사
출석
하기

※1 1666년에 창립돼 1699년에 왕립으로 공인됨

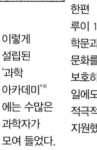

이렇게 설립된 '과학 아카데미'[※]에는 수많은 과학자가 모여 들었다.

한편 루이 14세는 학문과 예술, 문화를 보호하는 일에도 적극적으로 지원했다.

흥, 우리는 훌륭한 학자에 예술가까지 보호해서 성과를 거둘 수 있게 하자. 우리나라의 힘을 보여주는 거다.

전하, 잉글랜드가 과학자를 모아 왕립협회를 세웠다고 합니다.

프랜시스 베이컨
잉글랜드 철학자

사물을 관찰해 정보를 수집하면 미지의 법칙을 밝혀낼 수 있다.
(귀납법 및 경험론)

이성이 분명히 인정하는 것이라면 진리로 인정해도 되는 것이다.
(연역법 및 합리론)

데카르트
프랑스 철학자

근대 과학의 중심 인물

이처럼 17세기 잉글랜드와 프랑스에는 과학자들이 활약할 장소가 마련되었다.

이와 같은 과학 연구의 혁신을 '과학혁명'이라 부른다.

그 결과 철학자들이 합리주의 사상을 주장하면서 근대 과학이 서서히 발전하기 시작했다.

아이작 뉴턴
잉글랜드 물리학자 · 수학자

모든 물체 사이에는 서로 잡아당기는 힘이 있다!
(만유인력의 법칙)

루이 14세가 추진한 정책은 국왕의 권위를 세계 각국에 알릴 뿐만 아니라

문화와 예술, 학문의 발전으로까지 이어졌다.

프랑스어 통일과 교양을 목적으로 설립된 '아카데미 프랑세즈'에서는 사전을 편집해 1694년 초판이 완성되었다.

또 왕궁에서는 고전주의 희곡이 인기를 얻었다.

이러한 프랑스의 궁정문화가 유럽에서 널리 유행하면서

혹시 '라신'※2의 신작 보셨나요?

저는 '몰리에르'※3의 희곡을 더 좋아한답니다.

프랑스어는 외교와 문화의 공용어로 널리 쓰이게 되었다.

※2 비극을 전문으로 하는 극작가 '장 바티스트 라신'
※3 프랑스 고전 희극을 완성시킨 극작가 '장 바티스트 포클랭'

루이 14세는
직접 군대를 지휘해
플란데런과
프랑슈콩테를
점령했다.

플란데런

프랑스

프랑슈콩테

사망한 스페인 국왕
펠리페 4세의 장녀인
짐의 왕비에게
스페인 영토인
남네덜란드의
상속권이 있다.

즉 그 땅은
남편인 짐의 것!
남네덜란드에
군대를
파병하라!

1667년
제2차 영국-네덜란드
전쟁이 네덜란드의
우세로 흘러가는 가운데
남네덜란드에서
상속 전쟁이 발발했다.

그
러
던

펠리페 4세

루이 14세 ── 마리 테레즈 ── 카를로스 2세

[스페인 왕위 계승권]

잉글랜드

네덜란드

스페인령
네덜란드

프랑스는
프랑슈콩테를
반환하는 대신
남네덜란드의
여러 도시를
획득했다.

그러나
프랑스의 세력
확대를 우려한
네덜란드와
잉글랜드, 스웨덴이
전쟁의 중재에
나서면서

괜찮아.
머지않아
전부 짐의
땅이 될 테니
…

프랑스

프랑슈콩테

■ 획득
□ 반환

※1 1673년에 제정됨

※2 1598년에 프랑스 국왕 앙리 4세가 선포한 칙령.
제한적이지만 개신교 신자에게도 종교의 자유를 허락함

가톨릭 신자를 반대자는 등용하라. 투옥하라!

「심사령」 따위 내 알 바 아니다.

1685년

하지만 결국 토리당이 지지한 '제임스 2세'가 왕으로 즉위했다.

열성적인 가톨릭 신자 제임스 2세는 의회와 대립했다.

이럴 줄 알았어!

제임스 2세
잉글랜드 국왕

같은 해 프랑스에서는 루이 14세가 「낭트 칙령」※2 을 폐지했다.

이윽고 정부에서 위그노를 박해하자 우수한 장인과 상인 중 위그노인 이들은 잉글랜드나 네덜란드 등지로 피신했다.

그렇게 위그노를 받아들인 국가들 사이에 반프랑스라는 유대감이 형성되어갔다.

가톨릭 이외의 종교는 인정하지 않겠다.

짐의 백성 중에 위그노※3는 필요 없어!

※3 프랑스의 칼뱅파 개신교 신자

59

1688년 11월
빌럼 3세는
약 1만 5천 명의
군대를 이끌고
잉글랜드에
상륙했다.

※ 당시 잉글랜드군은 가톨릭에 대한 반발로 생긴 불복종과
네덜란드군으로의 배반, 도망 등 내부 분열로 인해 저항하지 못함

잉글랜드
의회는
빌럼 3세
부부를
맞이했다.

제임스 2세는
반대파 세력을
막지 못해
가족들과 함께
프랑스로 망명했고,

군대가
움직이지
않습
니다!※

저, 전하!
네덜란드군이
런던으로
다가오고
있습니다!

뭐라!?
우리 군은
뭘 하고
있는 거야!

1689년 2월 빌럼 3세는 네덜란드 통령이자 잉글랜드 국왕을 겸해 '윌리엄 3세'로 불리게 되었고,

메리 2세 역시 여왕으로 즉위해 공동 통치했다.

이렇게 잉글랜드와 네덜란드의 동군연합이 시작되었다.

이 사건을 가리켜 희생자 없이 피 한 방울 흘리지 않은 명예로운 혁명, 즉 '명예혁명'이라 부른다.

1689년 잉글랜드 의회

두 분께 우리 의회의 권리를 보호해 주시길 청원하고 싶습니다.

국왕 내외는 의회의 권리를 늘리기 권리 선언에 동의하고

아아, 우리 부부도 의회와 갈등하고 싶지 않소.

「권리장전」(일부 발췌)
1. 국왕의 권한에 의하여 의회의 동의 없이 법률을 정지하거나 법률의 집행을 정지할 수 있다는 주장은 위법이다.
2. 국왕이 법을 무시하거나 집행하지 않는 것은 위법이다. …

이를 「권리장전」이라는 법률로 정해 공포했다.

그렇게 잉글랜드에는 의회와 국왕이 권력을 나누는 입헌군주정이 들어섰다.

군주의 권력을 의회가 제한하는 이 국가 체제는 18세기에 확립돼

'왕은 군림하되 통치하지 않는다' 라는 원칙으로 오늘날까지 이어지고 있다.

잉글랜드

네덜란드

그리고 서로 대립하던 잉글랜드와 네덜란드는

개신교 신자끼리 사이 좋게 지내자!

흥!

프랑스

명예혁명 이후 프랑스의 세력 확장에 대항하기 위해 손을 잡았다.

※1 신성로마 제국에서 황제 선거권을 가진 유력한 제후
※2 1685년에 사망한 팔츠 선제후의 여동생이 루이 14세의 동생인
    '필리프'의 두 번째 부인이었기 때문에 상속권을 주장함

1689년 프랑스

1686년 루이 14세에게 반대하는 아우크스부르크 동맹을 결성했다. '9년 전쟁'이 시작된 것이다. (팔츠 계승 전쟁)

이 무렵 루이 14세는 신성로마 제국에 속하는 팔츠 선제후국 영지의 상속을 주장했다.※2 이를 경계한 신성로마 제국 · 네덜란드 · 스페인 등은

사촌, 고생 많았어.

이쪽도 팔츠 선제후※1를 견제하느라 바빴으니 이해해 줘.

흠…

야 뿔사

그 빌럼 놈이 왕이 된 잉글랜드도 동맹에 참가하지 않을까?

1690년 잉글랜드도 동맹에 참가했다.

빌럼 놈이 주변국을 꼬셔서 동맹을 맺으니 상황이 영 좋지 않네.

제임스 2세

윌리엄 왕 전쟁 전투 지역

퀘벡
포트 로열
뉴욕
보스턴
필라델피아
북아메리카
태평양

결국 1697년 '레이스베이크 조약'이 체결돼 전쟁이 종식되었다.

전쟁이 길어지면서 각국은 기근과 경제 위기로 피폐해졌고, 이에 평화를 호소하는 목소리가 늘어났다.

이 전쟁의 여파는 프랑스와 잉글랜드의 북아메리카 식민지에까지 미쳐서 북아메리카에서는 '윌리엄 왕 전쟁※3'이 발발했다.

이제 전쟁은 싫어!

※3 1689년~1697년

[프랑스와 스페인의 왕위 계승권]

펠리페 4세

카를로스 2세

마리 테레즈

루이 14세

루이

펠리페

□ 왕위계승자
□ 스페인 왕가

1700년 스페인의 국왕 카를로스 2세가 자식 없이 사망했다.

그러나 루이 14세의 야망은 끝날 줄을 몰랐다.

프랑스

왕비께서 스페인 국왕의 누님이시니 자격은 충분합니다.

카를로스 2세가 짐의 손자 펠리페를 왕위 세승사로 지명했다고?

다만 스페인 국왕으로 즉위하고 싶다면 프랑스의 왕위 계승권을 포기하라는데요…

펠리페 5세 스페인 국왕

이렇게 펠리페가 스페인 국왕 '펠리페 5세'로 즉위했다.

그러나 루이 14세는 이후 프랑스 왕위 계승권에 대한 포기 서약을 철회했다.

뭐 별수 없지…

잉글랜드

이대로 두면 프랑스와 스페인이 합병해 유럽 각국을 침략할 것이다!

펠리페 5세는 프랑스 왕위 계승권을 포기하지 않았나!

월리엄 3세

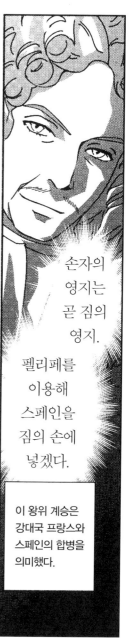

손자의 영지는 곧 짐의 영지.

펠리페를 이용해 스페인을 짐의 손에 넣겠다.

이 왕위 계승은 강대국 프랑스와 스페인의 합병을 의미했다.

잉글랜드
네덜란드
프랑스
오스트리아
스페인

1701년 위기감을 느낀 잉글랜드 · 네덜란드 · 오스트리아는 '헤이그 조약'을 체결해 대프랑스 동맹을 결성하고 이듬해 프랑스에 선전포고했다.

이렇게 '스페인 왕위 계승 전쟁'이 시작되었다.

끝내 1713년 프랑스에 불리한 조건으로 강화를 맺게 되었다. (위트레흐트 조약)

말도 안 돼 …

포트 로열

보스턴

앤 여왕 전쟁 전투 지역

이 시기 프랑스는 북아메리카에서도 잉글랜드와 식민지 쟁탈전을 벌였으나, (앤 여왕 전쟁)

찰스턴

세인트오거스틴

잉글랜드는 스페인으로부터 지브롤터와 메노르카 섬을

이 조약으로 펠리페 5세의 스페인 왕위는 인정됐지만, 프랑스와 스페인이 영원히 합병하지 않는다는 조건을 내걸었기에 루이 14세의 야망은 꺾였다.

프랑스로부터는 북아메리카의 뉴펀들랜드 섬 등을 획득했다.

프랑스

스페인

지브롤터

지중해

메노르카 섬

아프리카

뉴펀들랜드 섬

뉴욕

대서양

이로써 스페인은 남네덜란드, 남이탈리아 등지를 모두 잃게 된 것이다.

앤
잉글랜드 국왕

이 시기 프랑스
정치의 중심지는
베르사유 궁전
에서 파리로
옮겨갔고

조카인
오를레앙 공작
'필리프 2세'가
섭정을 맡았다.

그의 뒤는
5살에
불과한
증손자
'루이'가
이었고,

1715년 전쟁이
거듭되는 한편,
문화와 예술을
보호해 '태양왕'
으로 칭송받던
루이 14세가
세상을 떠났다.

섬세하고
우아한
로코코
양식이
유행하게
되었다.

그는 72년이라는
장기간에 걸쳐
국왕으로 군림하며
절대왕정을
확립했으나,

노년에는 심각한
재정난으로 프랑스를
밀어 넣었다.

69

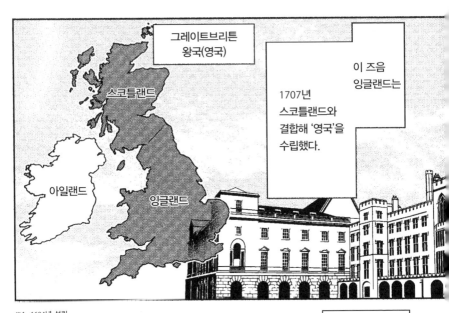

그레이트브리튼 왕국(영국)

스코틀랜드

아일랜드

잉글랜드

1707년 스코틀랜드와 결합해 '영국'을 수립했다.

이 즈음 잉글랜드는

※1 1694년 설립

상비군을 늘릴 때도 의회의 승인이 필요하지. 국가 재정을 담당하는 우리 의원들에게 큰 책임이 맡겨졌어.

전쟁과 경제는 떼려야 뗄 수 없는 건가.

군비 조달을 위해 잉글랜드 은행※1이 설립될 정도니

국가 재정을 다루는 의회의 중요성을 실감하고 있었는데…

이 당시 영국은 20년에 걸친 전쟁으로 막대한 군비가 필요해지면서

휘그당과 토리당은 늘 당파 싸움만 벌이고 있었다.

어흠, 당파 싸움은 치열해지기만 할 뿐이네…

그런데 말야.

옥신각신

※1 1701년 제정
※2 제임스 2세의 자손을 정당한 왕위 계승자로 여김

정통성은 스튜어트 왕가에 있다!

하노버 왕가는 인정 못해!

하지만 스튜어트 왕조가 계속되길 바라는 '자코바이트'[2]라는 집단도 있었다.

자코바이트의 난
(1715년~1745년)

개신교 신자만 왕위에 오를 수 있다는 「왕위계승법」[1]에 따라 제임스 2세의 자손에게는 권리가 없었다.

사실 조지 1세의 계승권은 그다지 높지 않았지만

제임스 2세의 아들…

이는 결과적으로 휘그당의 장기 집권을 초래했다.

조지 1세는 의회에도 나타나지 않았는데

짐은 영어를 할 줄 모르는 데다, 영국의 정치에도 관심이 없으니 말이야.

흠, 휘그당에 통치를 맡기겠네.

조지 1세는 자신의 즉위에 소극적이었던 토리당을 불신했다.

예.

월폴은
남해회사의
사업을
정비해 솜씨
좋게 문제를
처리했다.

대장경※3인
자네가
이 혼란을
수습해 주길
바라네.

파산하는
이들이
속출하고
있습니다!

한편 1720년
나라의 빚을
갚기 위해
정부가 설립한
무역회사인

로버트 월폴
휘그당 의원

'남해회사'의
주가가
폭락하면서
영국 경제는
공황에 빠져
버렸다.

월폴은 그 수완을
인정받아 의회에서
존재감을 드러냈고
마침내 내각의
일인자가 되었다.
오늘날에는 역사상
최초의 총리로
인정받고 있다.

대장경께선
휘그당의
장기 집권에
빼놓을 수
없는 분
이시지.

전하께
두터운
신임을
받으신다
더군!

17세기는
무역을
독점한
네덜란드의
번영으로
막이 열린
시기였다.

이에
영국과
프랑스는
네덜란드에
맞서기 위해
자국 산업의
육성과
세력 확장을
시도했다.

1721년
월폴은
의회 내에
내각을 구성해
국정을 이끌어
나갔다.

이 시기를 거쳐
국왕이 아닌
의회가 국정을
책임지는
'의원내각제'가
확립된 것이다.

이렇게
영국은
다음
시대의
패권국이
되어갔다.

이후
영국과 프랑스,
양국이 벌이던
패권 다툼은
유럽과 해외
식민지로까지
번져 나갔고,

7년 전쟁※을
거치며 끝내
승리한 영국이
북아메리카와
인도 동북부
라는 광활한
식민지를
차지했다.

※ 1756년부터 1763년까지 오스트리아 · 프랑스 · 러시아 · 스페인 측과
  프로이센 · 영국 측 사이에 일어난 전쟁

육두구

시나몬

동남아시아의 섬들과
인도양 주변에서
수확되는 향신료는
먼 옛날부터
아시아 각지의 상인들에
의해 거래되었다.

그러던 15세기 말
동인도로 진출한
포르투갈인들은
향신료 무역을
독점하고 해상무역
제국을 세우고자 했다.

후추

합스부르크
왕가 놈들아!
가톨릭 신자
들에게 계속
지배당하는 건
이제 질색이다!

세금만
뜯어
가냐!

1477년부터
합스부르크 왕가의
지배를 받던
네덜란드인들이
독립전쟁을 일으켰다.

네덜란드
놈들이
이베리아 반도에
접근하면
공격하라!

이 무렵
네덜란드 상인들은
포르투갈의 수도
리스본에서 향신류를
사들이고 있었지만
상선의 기항을
금지당하고 말았다.

펠리페 2세
스페인계 합스부르크 국왕※

※ 1580년 포르투갈 왕위를 계승함. 스페인과 포르투갈의 동군연합

이게 뭐야!
스페인 전함이
기다리고
있잖아.

항구에
못 들어가면
향신료를
어떻게 사지
…

네덜란드 상인

포르투갈
리스본

우리는 잉글랜드 상인들과는 달리 항해가 끝나더라도 해산하지 않는 점이 특징이라네.

네덜란드 동인도 회사

엥크하위전

호른

암스테르담

델프트

로테르담

미델뷔르흐

네덜란드 상인

항구마다 제각각 나뉘어 있던 회사를 하나로 합쳐 서로 협력하기 시작했다.

이에 1602년 네덜란드 상인들은 네덜란드 동인도 회사를 설립하고

네덜란드 상인들은 동인도에서 무력으로 세력을 넓혔다.

좋아, 포르투갈 상인의 현지 거점을 빼앗자.

그렇지만 역시 잉글랜드, 포르투갈 상인들이 방해가 되는군…

남중국해

보르네오 섬

수마트라섬

반다 제도

바타비아

암보이나 섬

1605년 암보이나 섬에 있던 포르투갈 상인의 성채를 빼앗음

1609년 포르투갈 상인의 거점이었던 반다 제도를 빼앗아 요새를 건축함

1619년 바타비아 성을 건설하고 네덜란드 동인도 회사의 거점으로 삼음

그래.
네덜란드
동인도 회사의
상관※1에서
일하는 간부야.
가족과 하인들을
데리고 가는 거지.

그렇게
위험한데도
가족과 함께
가는 사람도
있군요.

그것 말고도
명(明)에서 비단
같은 걸 사와
다른 지역에
파는 일도
하지.

헤에,
그런데 네덜란드
동인도 회사는
어떤 일을 하는
회사인가요?

동인도
각지에서
향신료를
사들여
유럽에 파는
일을 하지.

양념 외에
약으로도
수요가
많으니까.

예컨대
일본의
히라도※2에
가져가면
은과 바꿀 수
있으니까.

※2 당시 네덜란드 상관이 설치돼 있었음

즐거운 일만 있는 건 아니야.

머나먼 타국 사람과의 거래라니 … 기대 되네요.

암보이나 섬

암보이나 섬에서는 영국 동인도 회사와 부딪쳐서 …

동인도에 거점을 만들 때만 해도 무력으로 원주민을 진압했다는 이야기도 있고,

뭐, 그 덕분에 자바 섬 일대는 네덜란드 상인의 세력권이 되었지만.

네!?

선수를 친 우리 쪽 상인들이 영국 동인도 회사 상인들을 몰살시켰대.

포르투갈 상인을 몰아내고 지금은 향신료를 독차지하고 있지.

이곳 말라카도 우리 네덜란드 상인들이 독점한 지 꽤 오래됐군.

그러나 17세기 중반부터 네덜란드 동인도 회사와 영국 동인도 회사 간의 경쟁이 치열해졌다.

이 일대는 옛날부터 여러 나라의 상인들이 오가서

타국 사람들을 내쫓을 생각은 없는 모양이야.

그런데 이 근처 섬의 왕들은

우리가 상관을 짓거나 무역하는 걸 그냥 보고만 있던가?

1650년 말라카

10세기 이후 중국 대륙에서 송(宋) 상인들이 방문해 문화나 종교가 달라도 분쟁 없이 무역할 수 있었다.

동남아시아에는 8세기 이후 이슬람 상인*들이,

상업에 종사하는 이슬람교 신자

자네, 다음엔 어디로 가는가?

나는 일본의 나가사키에 가서 기모노와 도자기를 사올 생각이야.

유럽 귀족들에게 비싸게 팔리거든.

일본에 가면 작은 섬에 갇힌다던데…

그 섬 이외에는 들어갈 수 없고 섬 밖으로 나갈 수도 없다네.

'데지마 섬'이라고 하는데

전에는 히라도에 네덜란드 상관이, 데지마 섬에 포르투갈 상관이 있었는데

가톨릭을 포교하던 포르투갈인들이 추방되면서 네덜란드 상관이 데지마 섬으로 옮겨진 거야.

당시 에도 막부는 일본에 그리스도교가 전파되는 것을 우려해서 포교하지 않는 네덜란드와 청(淸) 선박 이외에는 기항을 금지하고 있었다.

히라도

네덜란드인

데지마

포르투갈인

네덜란드인들만 돈을 벌게 해서는 안 된다!

항해법

1651년 잉글랜드 의회는 유럽의 해상무역을 독점한 것처럼 굴던 네덜란드 동인도 회사를 견제하고자 「항해법」을 제정했다.

「항해법」
· 유럽 밖의 상품을 잉글랜드와 식민지로 운반할 수 있는 것은 잉글랜드와 그 식민지 선박에 한한다.
· 유럽의 상품을 잉글랜드와 식민지로 운반할 수 있는 것은 잉글랜드와 원산지 국가의 선박에 한한다.

유럽 상인들

잉글랜드에 팔려면 잉글랜드 선박으로 운반하란 말인가?

잉글랜드인들은 단골이라 거스르기 어렵군.

결국 1652년 제1차 잉글랜드 -네덜란드 전쟁이 발발했다. (영란 전쟁)

제길, 그렇다면 …!

네덜란드 의회

확실하게 우리를 노리고 괴롭히는 법이 아닌가!

※1 잉글랜드 국왕 '찰스 2세'를 말함
※2 1657년 크롬웰이 발행한 특허장. 1661년 찰스 2세가 승인함

※ 프랑스 동인도 회사는 1604년에 설립되었으나
   재건 전에는 거의 기능하지 않았음

1673년 인도의 퐁디셰리를 거점으로 활동했다.

인도

퐁디셰리

슬슬 나설 차례군.

프랑스 상인

한편 1664년 영국 동인도 회사와 네덜란드 동인도 회사에 뒤처지던 프랑스 상인들은 프랑스 동인도 회사*를 재건하고,

음? 그렇지. 나는 청 상인이지만 여기 살고 있으니까.

당신 요즘 자주 보는 것 같네.

17세기 후반에는 청 상인들도 조정이 해외무역 금지를 해제하자 동남아시아 무역에 뛰어들었다.

이들 중에는 현지에 정착해서 상업망을 구축하고 활약하는 이들도 나타났다. (남양 화교)

□ 화교의 주요 활동지

마닐라, 바타비아에는 더 많은 동료가 있지.

마닐라

바타비아

요 근래 영국 선박의 방해를 받아 물건을 실은 배가 돌아오지 않는 일이 잦아진 데다,

역시나.

그렇게 18세기 말 네덜란드 동인도 회사는 파탄에 직면하게 되었다.

돌아와도 예전만큼 물건값을 비싸게 받지 못하니까.

들었어? 네덜란드 동인도 회사가 해산한대!

거기에 무능한 경영진은 아무런 대책도 세우지 않았으니….

아시아에서의 무역 부진과 경영 실패 등으로 인해

끝내 1799년 네덜란드 동인도 회사는 문을 닫았다.

네덜란드령 동인도

오늘날 인도네시아에 달하는 지역에 네덜란드령 동인도가 수립되었다.

이후 네덜란드 동인도 회사가 소유했던 땅이 네덜란드 정부 소유로 넘어가면서

남중국해

태평양

‖ 최대 영토였던 1942년 ‖

네덜란드령 동인도를 이용해보면 어떨까요?

그곳에서 농작물을 재배한 뒤 유럽에 파는 겁니다.

그러던 1830년 공업이 발달해 수익이 높던 네덜란드 남부 지역이 벨기에로 독립하면서 재정이 어려워지고…

어떻게든 대책을 세워야…

이제 남부에서는 세금을 징수할 수 없소.

네덜란드 정부 관료

이렇듯 네덜란드인들은 동인도 각지에 사는 원주민에게 반강제적으로 상품 작물※을 재배하게 해 큰 수익을 올렸다.

※ 파는 것을 목적으로 재배하는 작물

커피뿐만 아니라 사탕수수로 만든 설탕은 유럽에서 비싸게 팔린다.

이제 우리 상인들은 부자라고!

네덜란드령 동인도로부터 물건이 도착했어!

죽을 힘을 다해 일해도 이것밖에 못 번다니…

지금 이야말로 우리 토후※1들의 힘을 보여줄 때다!

제국이 약해지고 있다!

시크 왕국

시계를 조금 돌려 18세기 인도, 이 시기 무굴 제국에서는 바드샤의 권력이 쇠퇴하고 있었다.

※1 일종의 호족 또는 지방 영주

무굴 제국

인도 중부에는 토후들이 협력해 결성한 마라타 동맹이 자리 잡았고,

라지푸트족 왕국들

마라타 동맹

벵골

아라비아해

데칸 고원

캘커타

북부, 동부에서도 세력을 확장하려는 토후들이 서로 대립하고 있었다.

데칸 고원에는 무굴 제국으로부터 독립한 하이데라바드가 있었으며,

하이데라바드

노던서카스

벵골만

마이소르

칸틱

마드라스

퐁디셰리

98

이번 기회에 방해되는 영국 동인도 회사를 없애면 여기서도 수익을 올릴 수 있겠어.

저들이 지원하는 토후의 반대편에 접근하자.

프랑스 동인도 회사

영국 동인도 회사

여기에 영국 동인도 회사와 프랑스 동인도 회사가 주목했다.

우리에게 우호적인 토후가 이겨야 할 텐데.

무굴 제국의 내전이 무역에 악영향을 주면 큰일이다.

영국 동인도 회사와 프랑스 동인도 회사는 군사 지원을 가장해 인도에서 세력을 넓혀 나갔다.

질 수 없지!

오오, 고맙네!

상관을 지키는 우리 군대를 보내 도와 드리죠.

돈이라면 줄 테니 지원군을 보내 다오!

돈이 없어서요~

저희 프랑스도 지원하고 싶지만

프로이센

합스부르크
왕가의 영지

프리드리히 2세
프로이센 국왕

양측의
무력충돌은
1740년
유럽에서
발발한
오스트리아
왕위 계승
전쟁을 계기로
시작되었다.

오스트리아
대공의 딸이었던
미리이 데레지아가
합스부르크 왕가의
영지를 상속받자
프로이센 등이
전쟁을 벌인 것이다.

마리아 테레지아
오스트리아 대공

프랑스가
우리 프로이센
편이
되어준다고?
고맙군
!

영국은
오스트리아를
지지합니다.

감사
해요.

인도
퐁디셰리

본국은 유럽에서 영국과 전쟁을 벌이고 있다.

인도에 있는 우리도 영국 동인도 회사와 싸우게 될지 몰라.

1744년 프랑스 동인도 회사와 영국 동인도 회사 사이에 해전이 발생했다.
(제1차 카나틱 전쟁)

뒤플렉스는 프랑스군을 승리로 이끌어 영국령 마드라스를 점령했지만…

조제프 뒤플렉스
프랑스 동인도 회사 총독

그렇게 영국과 프랑스는 강화를 맺었다.

네?

뒤플 렉스를 해임 해라!

그러나 1754년 프랑스

프랑스 동인도 회사는 무역을 목적으로 설립한 회사다. 전쟁만 해서는 수익이 없잖아!

이 전쟁은 영국 동인도 회사의 압승으로 끝나 프랑스 동인도 회사는 남인도에서 쇠퇴하고 말았다.

우리 영국군이 퐁디셰리를 포위해 프랑스군의 항복을 받아냈대!

1761년 영국

다시 1756년 유럽에서 7년 전쟁이 발발하자 인도에서도 제3차 카나틱 전쟁이 벌어졌다.

벵골

캘커타

영국 동인도 회사가 우위를 점하게 되는 결정적인 전쟁이 벌어지려 하고 있었다.

같은 시기 인도 동부

그 눈에 거슬리는 토후 놈 말고 우리 말을 들을 만한 자는 없나?

어떻게든 캘커타는 탈환했지만… 많은 동포들이 희생당했어.

총독님, 그렇다면 …

로버트 클라이브※2
영국 동인도 윌리엄 요새 총독

※2 영국 동인도 회사에 비서로 입사했으나 얼마 안 가 군인으로서 제 2차 카나틱 전쟁에서 활약한 인물

이전 토후의 매제로

토후 자리를 제시하면 이용할 수 있을지도 모릅니다.

'미르 자파르' 라는 자가 있습니다.

미르 자파르
벵골군 사령관

이렇게 영국 동인도 회사는 시라즈 우드다울라와 전쟁을 벌이게 되었다.

좋아. 그 자를 우리 편으로 끌어들여 보게.

※ 시라즈 우드다울라는 나중에 붙잡혀 사살됨

우리 덕에 토후가 되셨으니 시키는 대로 해주셔야겠습니다.

으…

요구

영국 동인도 회사는 터무니없는 배상금과 캘커타 및 주변 토지로부터의 징세권을 갈취했다.

이듬해인 1758년 클라이브가 초대 벵골 지사로 임명된 뒤로

그리고 미르 자파르는 토후 자리에 올랐는데…

미르 자파르
벵골 토후

뭐!?

자네는 토후에서 물러나게.

그럼 됐네.

그걸 이제 아나?

이러면 꼭두각시나 마찬가지 아닌가!

이, 이제 더는 못 줘!

미르 카심과도 대립하게 됐다.

이에 이들은 1760년 미르 자파르의 사위인 '미르 카심'을 토후로 앉혔으나,

미르 카심
벵골 토후

장인 어른을!?

알겠습니다.

그럼 자파르를 복위시키도록 하죠.

횡포가 너무 심하잖아! 더 이상의 요구는 들어줄 수 없어.

그는 군사를 이끌고 저항했으나

전투에 패배해 위기에 처했다.

저들을 몰아 내자!

영국 동인도 회사가 시키는 대로 해서는 안 된다!

또 징세권도 우리가 가지고

그 수입의 일부만 토후에게 드리지요.

앞으로 벵골 토후는 우리가 임명 하겠습니다.

1765년 영국 동인도 회사는 벵골 비하르 지방과 오리사 지방의 디와니※를 획득했다.

※ 토지세 징수권 및 그와 관련된 여러 권리

1764년 갠지스 강 중류 지역 박사르

그러나 박사르 전쟁 에서도 영국 동인도 회사가 압승을 거두면서

이때부터 영국 동인도 회사는 인도를 식민 지배 하기 시작해

새로 토지세 제도나 법률·재판 제도 등을 만들어 갔다.

그는 군사적 재능으로 왕국의 실권을 쥐고 있던 인물이었다.

유럽의 장교를 고용하고 화기를 적극적으로 수용하라!

프랑스인들에게 배워 군대의 근대화를 추진하자.

이대로 녀석들 마음대로 하게 둬선 안 돼.

마라타 동맹

하이데라바드

마이소르

마드라스

하이데르 알리
마이소르 총사령관
수석장관

한편 이러한 영국 동인도 회사의 세력 확장에 저항한 이가 있었으니 바로 마이소르의 '하이데르 알리'였다.

우리 마이소르군은 영국군에 비견될 만큼 싸워 강화를 맺었다.

와ㅎ ㅎ

1767년 하이데르 알리는 영국 동인도 회사에 싸움을 걸었다. (제1차 마이소르 전쟁)

114

아들인 '티푸 술탄'이 뒤를 이어…

그 와중에 하이데르 알리는 병사했지만

그는 마라타 동맹 일파와 반영국동맹을 맺고

1780년 다시 전쟁을 벌였다. (제2차 마이소르 전쟁)

이대로는 우리나라의 존속이 위험하다.

그렇지만 영국인들은 더욱더 세력을 늘리고 있어.

아버지를 따라 나라를 개혁하고 영국인들에게 저항하겠다!

1784년 마이소르에 유리한 형태로 영국과 강화를 맺었다.

국제 정세를 파악해 오스만 제국이나 프랑스와 동맹을 맺고자 했다.

티푸는 근대적인 개혁으로 국력을 기르고

티푸 술탄
술탄 · 총사령관
수석장관

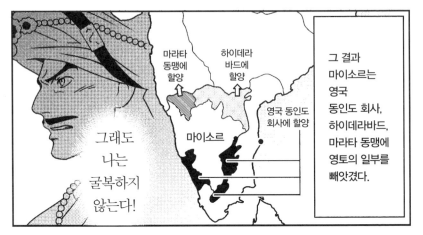

마라타
동맹에
할양

하이데라
바드에
할양

영국 동인도
회사에 할양

마이소르

그래도
나는
굴복하지
않는다!

그 결과
마이소르는
영국
동인도 회사,
하이데라바드,
마라타 동맹에
영토의 일부를
빼앗겼다.

그렇게
4살짜리
소년이
술탄이
되었다.

휴,
겨우
끝났네.

그러나 1799년
제4차 마이소르
전쟁에서
'마이소르의
호랑이'라고
불리던 티푸가
전사하면서

마이소르에는
우리가
이용하기 편한
왕을 앉혀
두자.

마이소르
군은
마침내
항복했다.

※ 당시 재상의 후임자 문제 등
   내분이 계속되고 있었음

시크 왕국

시크 전쟁
① 1845년~1846년
② 1848년~1849년

영국-마라타 전쟁
① 1775년~1782년
② 1803년~1805년
③ 1817년~1818년

마라타
동맹

이후 영국
동인도 회사는
세력을 더욱
늘리기 위해
마라타 동맹의
내분※에 개입했다.

마이소르

1803년
제2차 영국-마라타 전쟁
에서는 총독 '웨슬리'의
지휘 아래 토후들을
연달아 쳐부숴
식민지를 넓힌 뒤…

세 번의
전쟁을
걸쳐
인도의
중앙부를
차지했다.

리처드 콜리 웨슬리
벵골 총독

영국 동인도 회사군은
두 차례의 전쟁에서
고전을 면치 못했음
에도 병합하는 데
성공했다.

남아 있던
펀자브 지방의
시크 왕국도
내분으로
세력이 약해
지고 있었기에

본래
유럽
상인들이
동인도로
진출한
목적은

영국 동인도
회사 역시
무역회사에서
인도를 지배하는
기관이 되어갔다.

같은 해
벵골 총독이
인도 총독으로
격상돼 식민지인
인도의 통치자로서
지위가 명확해지고

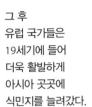

그 후
유럽 국가들은
19세기에 들어
더욱 활발하게
아시아 곳곳에
식민지를 늘려갔다.

그 목적은
서서히
영지 확대와
식민 지배로
변질되었다.

현지에서만
구할 수 있는
특산물을
사고팔기
위해서였으나,

※1 콜럼버스는 인도를 향해 스페인에서 서쪽 방향으로 항해해 카리브해의
   산살바도르 섬에 도착함. 죽을 때까지 이 땅을 인도로 생각했다고 전해짐

유럽인들은 잇따라 대서양 탐험에 나섰다.

1492년 스페인 국왕의 지원을 받은 콜럼버스가 항해를 시작해 아메리카에 도달한 이후※1

크리스토퍼 콜럼버스
제노바 출신 항해사

와

와

와

중남미 각지에 식민지를 건설해 엄청난 부를 손에 넣었다.

스페인 정복자들은 아즈텍 제국※2과 잉카 제국※3을 멸망시키고

※2 오늘날 멕시코에 위치했던 제국. 인신공양으로 유명함
※3 오늘날 페루에 위치했던 제국. 마추 픽추로 유명함

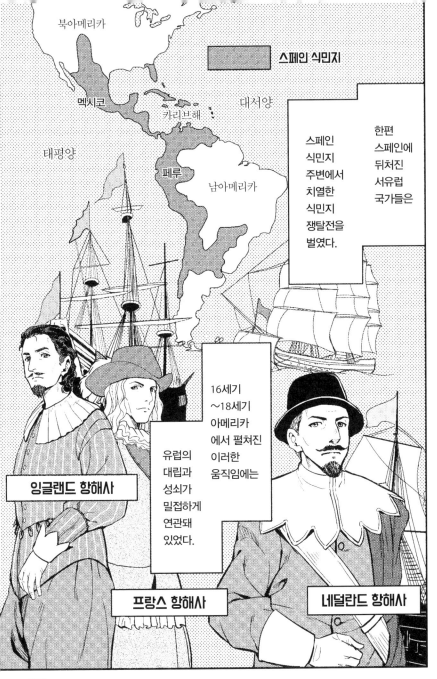

북아메리카

스페인 식민지

멕시코

카리브해

대서양

태평양

페루

남아메리카

스페인
식민지
주변에서
치열한
식민지
쟁탈전을
벌였다.

한편
스페인에
뒤처진
서유럽
국가들은

16세기
~18세기
아메리카
에서 펼쳐진
이러한
움직임에는

유럽의
대립과
성쇠가
밀접하게
연관돼
있었다.

잉글랜드 항해사

프랑스 항해사

네덜란드 항해사

금이나 은처럼 값진 물건은 발견되지 않았습니다.

이들은 집단을 이루고 소박하게 생활하는 것 같습니다.

좋다. 일단 여기에 십자가를 세우게.

그런가… 꽤 흥미로운 땅인 것 같지만

돈이 될 만한 건 기껏해야 목재 정도려나…

오늘부터 이곳은 포르투갈 국왕 전하의 영토다!

1494년
토르데시야스 조약※을
체결하면서
포르투갈의 영토로
정해지게 되었다.

**토르데시야스 조약
분계선**

브라질

분계선 동쪽
= 포르투갈령

**카브랄이
기항한 곳**

분계선 서쪽
= 스페인령

남아메리카
동쪽 끝에
위치한
이 지역은
오늘날의
브라질
지역으로

※ 스페인과 포르투갈이 새로 정복한 지역의 영유권을
   정한 분할 조약. 원주민들의 의사는 고려되지 않음

이 무렵
아시아와의
향신료 무역
에 힘을 쏟던
포르투갈은

다들 주목!
본래의
목적지인
인도로
향한다!

아메리카를
개발하는
일에는
별 관심이
없었다.

그러던
16세기
중반

설탕의 원료인
사탕수수가
상품으로서
가치를 가지게
되면서 상황이
변하기 시작했다.

제1차 십자군
(1096년~1099년)

신성로마
제국

빈

리옹

클레르몽

베네치아

콘스탄티노
폴리스

마르세유

로마

안티오케이아

비잔티움
제국

예루살렘

그리스도교의 성지 예루살렘을 이교도의 손으로부터 탈환하자!

유럽인이 사탕수수의 존재를 알게 된 것은…

허어어어? 이거 뭐야! 달콤한데!?

우호호

11세기 말 십자군이 예루살렘을 점령했을 때부터다.

우르바노 2세
로마가톨릭교회 교황

여보, 설탕과 장미로 담근 장미청에 해열 효과가 있대.

아아, 왕궁에도 소문이 자자하다 더군.

설탕이 비싸긴 하지만 치료에 효과가 있다지?

이후 설탕은 유럽인들에게 귀중한 약이자 부와 권력의 상징으로서 수요가 늘어갔다.

여기라면 잘 자랄 거야.

1493년 콜럼버스가 서인도 제도에 사탕수수를 심음

이미 유럽인들은 15세기 무렵부터 카나리아 제도나 마데이라 제도에서 설탕 생산을 시도하고 있었다.

마데이라 제도

카나리아 제도

아프리카

서인도 제도

대서양

태평양

브라질

시간이 지나 포르투갈인들은 브라질 북동부가 사탕수수 재배에 적합한 열대지방이라는 사실을 깨달으면서 16세기 전반 설탕 생산에 힘을 쏟았다.

이제 일손이 더 필요하겠어!

앞으로는 여기서 설탕을 만들자고!

이야, 목재말고는 보잘 것 없는 땅인 줄 알았는데 사탕수수 농사에 적합하다니!

포르투갈인

포르투갈령 브라질

질병과 과로로 인해 인구가 감소하면서 노동력이 부족해졌다.

당초 포르투갈인은 원주민을 노예로 삼아 일하게 했으나

이후 별다른 광물 자원이 없었음에도 브라질은 유럽인에게 중요한 땅이 되었다.

16세기 초 대서양을 사이에 두고 아프리카 서쪽 해안에 살던 흑인들이 노예로 끌려오기 시작했다.

아프리카 서쪽 해안

브라질

태평양

대서양

좋은 방법이 있어!

노동자를 데려오자!

어쩌지 자꾸 작업이 느려지네…

그럼 싸움에서 진 부족민들을 사들이자.

유럽 상인

흠, 부족들끼리 싸우고 있는 모양이군.

서쪽 해안

유럽 상인들이 부족 간의 싸움을 부추기자 아프리카 서쪽 해안의 여러 부족들은 노예사냥 전쟁을 벌였다.

살려 줘!

그만 둬!

포로를 노예로 팔아넘긴 것이다.

오!

좋은 무기가 있는데…

이보게, 싸움에서 이길 수 있는

서쪽 해안 A 부족

유럽 무기 상인

그럼! 그 돈으로 새로운 무기를 사지 그래?

적대 부족의 포로인데 사줄 텐가?

유럽 노예 상인

서쪽 해안 B 부족

유럽인들의
설탕 산업을 위해
가혹한 노동에
시달릴 수밖에
없었다.

결국
이들은

농장주 자택

사탕수수밭

상품 작물을
생산하는 데
특화된 대규모
농장을 가리켜
'플랜테이션'
이라고 한다.

이처럼
식민지에서
원주민이나
흑인 노예의
노동력을
착취함으로써

【플랜테이션】

플랜
테이션
에서
일하는
노예
들은

오늘도
덥네~

?

다양한
부족에서
끌려와
서로
언어조차
달랐다.

언제까지
이렇게
살아야 하는
걸까…

열대지방에서
과로에 시달린
노예들은 고작
1년 만에
5~10%가
목숨을 잃었다.

그럼에도
농장주들은
경제적이라는
이유로 값싼
일회용품처럼
노예들을 쓰다
버렸다.

겨우
도망칠 수
있었어!

이런 와중
플랜테이션에서
도망치는 노예도
끊이지 않아서

도망친
노예들이
여기저기
마을을
만들기도
했다.

140

한편 농장주와 흑인 노예 사이에 아이가 생기는 일도 있었다.

이렇게 혼혈로 태어난 아이를 '물라토'라고 부른다.

...

물라토

이처럼 브라질 플랜테이션에서는

백인과 흑인, 농장주와 노예라는 신분 격차가 있음에도 인종이 섞이는 경우가 있었다.

참고로 스페인령 중남미 식민지에는 유럽인 남성과 원주민 사이의 혼혈인 '메스티소'가 많았다.

중남미 식민지에서 혼혈이 늘어나던 것과 달리

북아메리카 식민지에는 원주민과의 혼혈이 거의 없었다.

메스티소

시간이 지나면서
포르투갈인에 의해 발전한
이 플랜테이션이라는
생산 시스템을

사탕수수

면화
(미국 남부)

카카오
(19세기
아프리카 서부)

브라질

【플랜테이션의
확대】

커피

각국이 식민지에
차용하면서
다양한
상품 작물이
재배되기
시작했다.

바나나

그렇게 인종이나
민족이라는 말로
설명할 수 없는
오늘날의 브라질인과
브라질 사회의 기초가
만들어졌다.

자원이 고갈되고 원주민이 급속도로 줄어들자, 많은 섬들을 포기한 뒤

15세기 말 이후 신대륙과 본국을 잇는 거점으로서 카리브 제도를 지배하던 스페인은

멕시코 등의 대륙 개발에 나섰다.

스페인

멕시코 만

멕시코

카리브 제도

카리브해

태평양

이제 이 지역에는 그다지 이익이 없군.

더 풍요로운 땅으로 떠나자!

올려라

닻을

스페인인

서유럽 국가 출신 해적들이 활발하게 활동하기 시작했다.

16세기 중반 지배자가 자리를 비운 카리브 제도에서는

프랑스인

흥! 우리 잉글랜드인 들도 뒤지지 않아!

네덜란드인

서유럽 각국은 카리브 해에서 세력을 넓혔다.

비록 뒤처졌지만 우리 프랑스인들도 카리브해에 진출하자!

잉글랜드인

카리브 제도와 스페인 상선의 무역품은 모두 우리 네덜란드인 들의 것!

17세기에 들어서 30년 전쟁 등의 패배로 스페인의 국력이 약화되자

대서양

카리브해

생도맹그 (프랑스)

자메이카 (영국)

소앤틸리스 제도

마르티니크 (프랑스)

퀴라소 (네덜란드)

바베이도스 (잉글랜드)

대앤틸리스 제도

그 결과 카리브 제도의 섬들은

각국이 식민 지배 하기에 이르렀다.

각국의 플랜테이션에서 생산된 상품을 유럽으로 운반하는 한편

그런 가운데 네덜란드 상인들은

각국의 식민지는 브라질에서 성공을 거둔 플랜테이션 방식을 채택해 사탕수수를 비롯한 상품 작물을 재배했다!

면화

어느 플랜테이션이나 원주민만으로는 일손이 부족하다더군.

이곳은 설탕뿐만 아니라 담배나 면화를 재배하기에도 적합한 지역 이라네.

아프리카의 흑인들을 노예로 끌고 오는 노예무역에 앞장서서 세력을 키웠다.

네덜란드 상인

담배

카리브해를 지배할 듯한 기세를 보였다.

네덜란드인

잉글랜드인

이러한 네덜란드의 움직임에 위기의식을 느끼던 나라가 있었으니 바로 잉글랜드였다.

아프리카에서 흑인 노예들을 더 많이 데려오면 엄청나게 벌어들일 수 있어!

그 당시 네덜란드는 중계무역을 선도하고 스페인, 포르투갈을 공격하면서

강대국인 스페인 으로부터 독립을 쟁취 했으니,

무역에서도 우리를 이길 나라는 없을 거야!

한편
절대왕정
시기인
프랑스
에서도

재무장관
콜베르가
적극적인
중상주의
정책을
펼쳤다.

흠,
그렇게
하라.

우리나라도
카리브해에
진출하는 게
어떻습니까?

전하,

루이 14세
프랑스 국왕

콜베르
프랑스 재무장관

카리브해
프랑스
식민지와의
무역독점권을
부여했다.

카리브해의
자원도
전하의
것이다!

그는
1664년
프랑스
서인도
회사를
설립하고

이후
네덜란드 대신
플랜테이션을
개발해 전성기를
맞이한 국가는
잉글랜드와
프랑스였다.

1674년
경영
부진에
빠져
해산
되었다.

그 무렵
네덜란드
서인도 회사는
식민지 획득,
유지로 인한
재정 부담
때문에

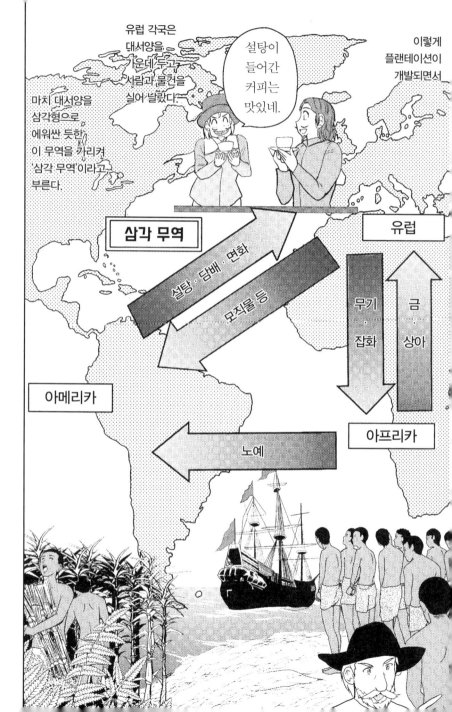

그렇게 북아메리카의 동쪽 해안을 탐험한 '존 캐벗'과 '자크 카르티에' 등은 서유럽 각국에 있어 개척의 선구자로 인정받았지만…

한편 15세기 말~16세기 각국은 플로리다 북쪽 북아메리카에도 탐험대를 파견하고 있었다.

존 캐벗※1

이탈리아 출신 항해사.
1497년 잉글랜드 국왕의 명령으로 오늘날의 캐나다 동쪽 끝인 뉴펀들랜드 섬에 도달함

자크 카르티에

프랑스인 탐험가. 프랑스 국왕의 명령으로 1534년부터 세 차례 오늘날의 캐나다 북동부를 탐험함

※1 아들 '세바스찬 캐벗'이 아버지의 유지를 이어 허드슨 만을 발견함

잉글랜드와 프랑스 양국이 본격적인 식민지 개척을 위해 이주하기 시작한 건 17세기부터로,

프랑스 국왕 루이 14세에서 따와 '루이지애나'라고 부름

루이 14세

엘리자베스 1세

잉글랜드 국왕 엘리자베스 1세에서 따와 '버지니아'※2라고 부름

태평양

'버지니아'

루이지애나

대서양

17세기 중반에 이르면서 여러 개의 식민지가 세워졌다.

※2 '처녀의 땅'이라는 뜻, 당시 잉글랜드의 국왕 엘리자베스 1세는 국가와 결혼했다며 결혼하지 않고 국정에 힘썼는데, 이러한 명예를 기리기 위해 '버지니아'라는 지명을 붙임

플리머스

뉴욕

버지니아

1620년 9월
청교도들을 태운
메이플라워호가
북아메리카를
향해 출발했다.

이때 이주한
102명의 청교도를
'필그림 파더스
(순례자들)'라고
부른다.

ㅇㅇ,
추워…

이들은
12월이 되어
플리머스에
도착하긴
했으나…

춥디 추운
겨울이었던
데다가,

긴 여정으로
쌓인 피로와
식량 부족
으로 인해
절반 이상이
목숨을
잃었다.

여기서
채소나 밀을
재배할 수
있을까…?

흠

일단
살아갈
터전부터
찾아야
…

마침내 뉴잉글랜드 식민지가 형성되었다.

하나님께 감사를!

이후 플리머스 외에도 많은 잉글랜드인이 이주해 마을을 건설하면서

모두 함께 경작 합시다!

살아남은 이들은 공동생활이라는 새로운 길을 걸었다.

이 땅에 원래 살고 있던 원주민들의 삶에 위협이 되었다.

이러한 잉글랜드인들의 북아메리카 개척과 정착촌 건설은 아메리카의 다른 서유럽 식민지와 마찬가지로

나누어 줄 수 있겠나?

혹시 그걸

이 지역 에서는 옥수수가 잘 자라.

흐음~

땅이 메말라 밀이 잘 자라지 않는군 ...

음~

그러나 정착 초기인 16세기 말부터 17세기 초까지만 해도 이주해온 서유럽인들은

유럽에서 비싸게 팔릴 거야!

이거 푹신푹신 하고 따뜻한데?

이게 바로 총이야.

원주민들과 평화롭게 교역하고

오오, 그럼 비버 가죽과 교환하자.

다른 부족과 싸우는 데 도움이 될 거야.

협력 하기도 했다.

공평하게 공존하는 사람들도 있었으나…

이렇게 서로 도와가며

한편 네덜란드는 1626년 동쪽 해안에 식민지 뉴네덜란드를 건설했지만,

1667년 제2차 잉글랜드=네덜란드 전쟁으로 인해 잉글랜드에 빼앗기고 말았다!

플리머스

뉴암스테르담 (뉴욕)

스페인령

잉글랜드령

프랑스령

그 결과 북아메리카에서 펼쳐진 식민지 경쟁에서 네덜란드는 탈락하고 잉글랜드와 프랑스가 맞붙게 되었다!

죽고 싶지 않다면 당장 이곳에서 떠나라!

강제로 빼앗거나 지배하는 사람들도 있었다.

잉글랜드

정착으로 인한 인구 증가

국왕의 특허장에 의한 자주적 운영

프랑스

또 올게.

꼭 사고 싶어.

일시적으로 거주함

식민지도 짐의 소유다.

국왕과 정부의 직접 통치

잉글랜드와 프랑스 식민지에는 구조적인 차이가 있었는데,

북아메리카 남부 대규모 플랜테이션

남부라면 카리브해처럼 큰 돈을 벌 수 있는 기회잖아.

정착한 잉글랜드인 대부분은 자급자족 사회를 형성했으며 특히 남부 지역에는 17세기 후반부터 18세기에 걸쳐 플랜테이션이 보편화되었다.

이들은 담배, 쌀, 쪽 등을 생산하기 위해※

아프리카에서 흑인들을 끌고 와

혹사 시켰다.

※ 훗날 면직물을 만들기 위해 면화 등도 재배함.
쪽은 파란색 염료를 추출하고자 재배함

앤

영국

조지 2세

18세기에 들어 유럽의 강대국인 영국과 프랑스 양국의 패권 다툼이 치열해지면서

각지에 있던 양국의 식민지에서도 연달아 싸움이 일어났다.

프랑스

루이 14세

프랑스에 질 수는 없습니다.

앤
영국 국왕

그렇게 1701년 스페인 왕위 계승 전쟁이 발발하자 북아메리카에서도 앤 여왕 전쟁이 시작되었다.

위트레흐트 조약 이후 식민지

뉴펀들랜드

플리머스

뉴욕

대서양

영국령
프랑스령
스페인령

1713년 '위트레흐트 조약'에 의해 전쟁이 종결 되면서 영국은 프랑스로부터 북아메리카 식민지 일부를 양도받았다.

영토라면 얼마큼이든 늘려주마!

루이 14세
프랑스 국왕

이후로도 영국과 프랑스의 전쟁은 북아메리카 식민지에 영향을 끼쳐 조지 왕 전쟁※1, 프렌치 인디언 전쟁※2이 발발했는데,

이때마다 많은 원주민이 동원돼 목숨을 잃었다.

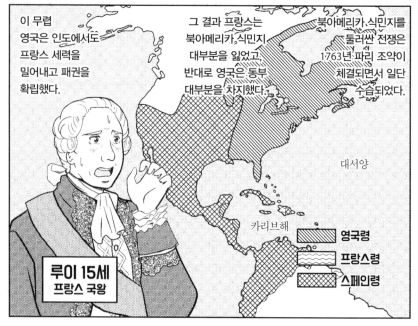

이 무렵 영국은 인도에서도 프랑스 세력을 밀어내고 패권을 확립했다.

그 결과 프랑스는 북아메리카 식민지 대부분을 잃었고, 반대로 영국은 동부 대부분을 차지했다.

북아메리카 식민지를 둘러싼 전쟁은 1763년 파리 조약이 체결되면서 일단 수습되었다.

대서양

카리브해

루이 15세
프랑스 국왕

(빗금)	영국령
(물결)	프랑스령
(격자)	스페인령

164

이렇게 영국은 수많은
식민지를 지배하며
식민제국으로
나아가는 동시에

패권을 확립한
대서양 무역에서도
큰 수익을 얻었다.

한편
북아메리카 식민지는
중상주의 정책 아래
영국 공산품의
수출 시장으로
취급받다가

7년 전쟁 이후에는
본국의 3분의 1에
달하는 수준까지
경제 규모가
성장했다.

18세기 후반에 들어
많은 식민지가
독립을 이루었지만
하나의 상품
작물을 생산하는
플랜테이션 특유의
불안정한 경제구조는
후대에까지
악영향을 끼쳤다.

16세기부터 18세기에 걸쳐
서유럽 각국이 아메리카 식민지에
플랜테이션을 잇달아 건설하면서

현지의 원주민과 아프리카에서
끌려온 흑인은 가혹한 환경에서
착취당했다

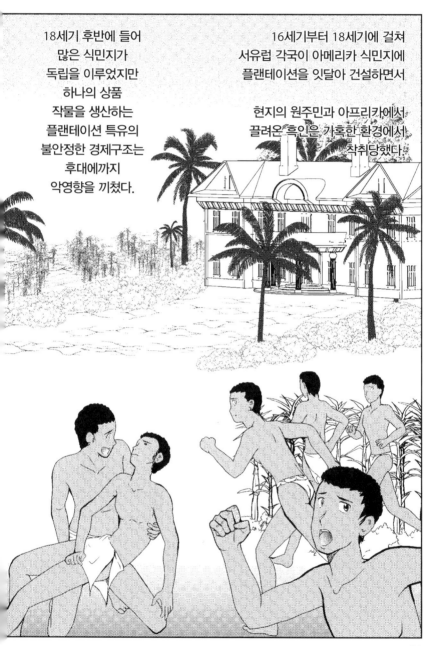

한편
원주민이나
아프리카의
흑인들이
영위하던
종교나 식생활,
놀이 등은

삼바

재즈

아메리카
각지에
그 고장의
문화로서
자리 잡게
되었다.

카포에라

여기에 원주민, 흑인 혈통과
지배자 계급 혈통 사이의
격차나 차별 등,

여지껏 사라지지 않은
뒤틀린 사회구조는
오늘날까지도 영향을
주고 있다.

바로
'러시아'
였다.

유럽 동쪽에는 강대국으로 성장한 한 제국이 있었다.

18세기부터 19세기 초 영국과 프랑스가 패권 다툼을 벌이는 가운데

러시아

상트페테르부르크

모스크바

예카테리나 2세
러시아 차르

표트르 1세
러시아 차르

노르드인의 한 부족이었던 '루스인'이 진출해 건국한 노브고로드 루스※와 키예프 루스 였다.

이들의 기원은 9세기경 동슬라브인들이 살던 볼호프 강과 드네프르 강 유역에

와

와

볼호프 강

노브고로드

발트해

노브고로드 루스

키예프 루스

키예프

드네프르 강

콘스탄티노폴리스

※ 훗날 노브고로드 루스는 키예프 루스에 통합됨

이어 키예프를 점령하고 각각 나라를 세웠다.

가즈아

슬라브족의 땅을 빼앗아라!

류리크
루스인 족장

루스인들은 족장 '류리크'에게 이끌려 이 땅에 침입해 노브고로드를 점령한 뒤,

현지의 슬라브인과 동화되었다.

이후 루스인은 결혼 등을 맺으면서

멍에

멍에란 농기구를 끌게 할 소나 말에 씌우는 막대 형태의 도구로 몽골 제국이 이 지역을 지배하고 있다는 것을 표현함

이 시기를 '타타르의 멍에'라고 부른다.

이후 키예프 루스는 파괴되고 쇠퇴해 몽골 제국 (킵차크 칸국)에 약 2백년간 간접적으로 지배받았다.

—— 1219년~1225년
------ 1236년~1242년
▨ 킵차크 칸국

모스크바
키예프
사라이
흑해
카스피해

【몽골의 침공 경로】

각지의 공국들이 언제까지 타타르※ 군주에게 복종해야 하는지…

우리가 직접 다스리기는 하지만…

러시아인

※ 타타르인은 튀르크계 민족이지만, 러시아에서는 몽골인과 그들이 데려온 유목민족까지 통틀어서 부름

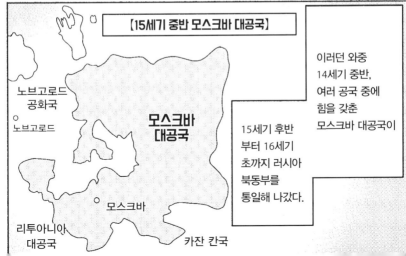

【15세기 중반 모스크바 대공국】

노브고로드 공화국
o 노브고로드

모스크바 대공국

모스크바 o

리투아니아 대공국

카잔 칸국

이러던 와중 14세기 중반, 여러 공국 중에 힘을 갖춘 모스크바 대공국이

15세기 후반 부터 16세기 초까지 러시아 북동부를 통일해 나갔다.

이제 정교회를 믿는 나라 중 독립국은 우리나라 뿐이야…

비잔티움 제국이 멸망한 1453년 이후로, 정교회를 믿는 나라들은 이슬람교 세력의 지배를 받게 되었다.

그 중심에는 류리크 가문 출신의 대공이자 러시아 제국의 기초를 닦은 '이반 3세'가 있었다.

이반 3세
모스크바 대공

그리고 비잔티움 제국을 본떠 쌍두 독수리를 국가의 문장으로 채택했다.

이로써 군주로서의 정통성을 보여줄 수 있다.

비잔티움 제국의 후계국이 우리라는 사실을 알리자!

…그럼 비잔티움 제국 마지막 황제의 조카딸 '소피아'와 결혼해

1472년 이반 3세는 소피아와 결혼했다.

172

1478년
도시 공화국으로
번창하던 노브고로드
공화국을 병합한 뒤,
16세기 초 분열돼 있던
러시아를 통일했다.

노브고로드

모스크바
대공국

모스크바

카잔 칸국

크림 칸국

이어 1480년
몽골군을 물리쳐
몽골의 지배를
끝내고

이제
타타르가
시키는대로
하지 않는다!

이겨서
독립을
거머쥘
것이다!

한편
이반 3세는
농민들의
자유로운
이동권을
박탈하기도
했는데,

귀족이
안정적으로
수입을 얻을
수 있도록
농민들은
1년에 2주만
논밭을 떠날
수 있다.

이 정책이
훗날 농민들의
이동을 전면
금지하는 법률의
기원이 되었다.
(농노제)

이후 이반 3세는
러시아 역사상
최초로 '차르'를
칭했다.

이제부터
짐은
차르다.

차르는
비잔티움 제국 황제의
칭호인 '카이사르'에서
유래했는데,

이를 칭함으로써
독립국의 군주라는
사실을 강조한 것이다.

차르로 즉위한 짐이 직접 통치 하겠다!

이반 4세
러시아 차르

1505년 이반 3세가 숨을 거두자

1547년 그의 손자인 '이반 4세'가 차르의 칭호를 정식으로 채택하고 대관식을 치렀다.

시간이 흘러 성장한 이반 4세는 개혁에 나섰다.

귀족들은 믿을 수 없으니 짐이 권력을 잡겠다!

이반 4세는 3살 때 아버지를 잃고, 1533년 모스크바 대공으로 즉위했으나,

나이가 어린 탓에 귀족들 간의 싸움이 계속되면서 나라가 혼란스러웠다.

※ 전쟁의 의무를 지는 대신 토지를 부여받는 지배층

1549년 최초로 전국회의를 개최했는데,

앞으론 귀족뿐만 아니라

다양한 계층의 사람들을 소집해 회의를 개최한다!

이렇게 하면 지방의 유력자들까지 끌어들여 다스릴 수 있겠지.

후대의 차르들도 이를 본받아 필요에 따라 전국회의를 개최했다.

상인 대표

귀족* 대표

조정 관료

고위 성직자

그러나 1558년 발트해 진출을 노리고 시작한 '리보니아 전쟁'에서는 25년간 싸웠으나 스웨덴·폴란드 ·리투아니아의 개입으로 패배하고 말았다.

스웨덴

모스크바 대공국

발트해

모스크바

리보니아

리투아니아 대공국

카잔 칸국

아스트라한 칸국

크림 칸국

치세 전반적으로 동방으로의 영토 확장에 힘을 쏟아서 1552년에는 카잔 칸국을, 1556년에는 아스트라한 칸국을 정복하는 등 튀르크계 이슬람교 국가들을 병합했다.

자신의 권력을 행사할 수단으로 '오프리치니키'라는 친위대를 조직해

반항적인 사람들을 다짜고짜 처형하는 공포정치를 펼쳤다.

이후 이반 4세는 이 전쟁에 신중하던 귀족들에 대한 불만이 강해져

175

이때 선봉을 맡은 집단은 '카자크'라고 불리던 무장 기마 집단으로

반농반목 생활을 하던 강인한 전사들이었다.

1581년 이반 4세는 스트로가노프 가문에 우랄 산맥 동쪽 지역의 개척을 승인했다.

모스크바

우랄 산맥

모스크바 대공국은 17세기에 이르러 시베리아 전역을 지배하게 되었다.

참고로 이 시비르 칸국이라는 국호에서 '시베리아'라는 명칭이 유래되었다.

모스크바 대공국

시비르 칸국

이들이 튀르크계 이슬람교 국가인 시비르 칸국의 수도를 점령해 이반 4세에게 헌상한 이래로,

조정은 농민의 이동을 금지하는 법률을 제정해 대처했는데,

이후에도 이런 일이 반복되었다.

놓아 주세요!

어딜 도망가!

그러나 이반 4세 치세 말기에는 혼란이 계속돼 나라가 황폐해졌다.

이에 도망치는 농민이 나날이 늘어가자

러시아는
이반 4세 통치기에
키예프 공국 영역의
민족들뿐만 아니라

타타르계
무슬림 등,
다양한 민족을
지배했다.

본격적인 다민족
국가로서의
첫걸음을 내딛은
것이다.

1584년
이반 4세가
세상을
떠났다.

강력한
전제정치를
펼치는 모습
때문에 그는
훗날 '뇌제'※
라고 불렸다.

※ 영어 표현은 'Ivan the Terrible(끔찍한 이반)'.
일본식 표현인 '뇌제'는 '(공포스러운) 폭군'을 뜻함

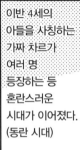

이반 4세의 아들을 사칭하는 가짜 차르가 여러 명 등장하는 등 혼란스러운 시대가 이어졌다. (동란 시대)

그 뒤로는 귀족들이 차르가 되거나

내가 차르다!

나야말로 이반 4세의 아들이다!

1598년 '표도르 1세'가 사망하면서 류리크 왕가는 후계자가 끊겨 단절되었다.

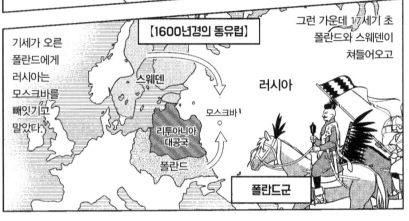

【1600년경의 동유럽】

기세가 오른 폴란드에게 러시아는 모스크바를 빼앗기고 말았다.

그런 가운데 17세기 초 폴란드와 스웨덴이 쳐들어오고

스웨덴

러시아

모스크바

리투아니아 대공국

폴란드

폴란드군

새로운 차르를 세우기 위해 전국회의를 개최했다.

새로운 차르를 세우고 우리나라를 재건하자!

이에 귀족들이 연합해 폴란드군을 격퇴하고

와아아

오오오

와아아

로마노프 가문의 '미하일 로마노프'가 차르로 추대되었다.

그렇게 1613년 전국회의를 거쳐

이반 4세의 사돈인 로마노프 가문의 '미하일' 님은 어떤가?

아직 어리지만 그 쪽이 오히려 뒤에서 조종하기 쉽겠지.

당시 미하일은 아직 16살짜리 소년이었기 때문에

차르 폐하!

'로마노프 왕조'가 시작된 것이다.

만세!

미하일 로마노프
러시아 차르

초기에는 아버지나 귀족이 보좌했으나 이후에는 직접 통치했다.

떠날 자유가 없어…

이제 우리 농민들에게는

1649년 제2대 차르 '알렉세이'의 통치 아래

도망간들 원래의 영주님에게 다시 끌려오고…

농민이 토지를 떠나는 것을 전면 금지하는 법률이 제정되었다.

※ 남에게 지배당해 매여 있는 것

'농노'란 귀족이나 호족의 토지에서 생활하며

영주에게 예속된※ 농민을 말한다.

이러한 사회제도를 '농노제'라고 한다.

전국회의 따위 필요 없다.

모든 일은 짐이 결정한다.

17세기 후반에는 차르의 왕권이 강해 지면서

전통이었던 전국회의가 열리지 않게 되었다.

알렉세이 러시아 차르

비잔티움 제국을 따라 아래로 향했던 날개가 신성로마 제국을 따라 위쪽을 향하게 되었다.

이 역시 황제의 나라인 신성로마 제국을 의식한 변화였다.

이 즈음 쌍두 독수리 문장의 날개 방향이 바뀌었다.

알렉세이 시대 새로운 문장(1667년)

이반 3세 시대 문장

이로 인해 카자크의 구성이 비대해져 사회는 불안정해졌고 조정에 대한 불만이 커지기 시작했다.

도망 농노

카자크

!!

많은 농노들은 농노제에서 벗어나고자 카자크에 지원했다.

한편 왕권 강화가 이루어지던 이 시기

볼가 강으로 가자!

차르의 폭정에 시달리는 이들이여! 남쪽은 오스만 제국에 막혀 나아갈 수 조차 없다!

스테판 라진
돈 카자크 지도자

볼가 강

모스크바

돈 강

흑해

오스만 제국

그렇게 1670년 돈 강 유역에 세력을 형성한 돈 카자크가 반란을 일으켰다.

서유럽
국가들과
비교해
러시아는
왕권이
강했지만

카자크는
정규군의
지휘 아래
놓였다.

그러나
조정은
이를
위험하게
여겨
진압했고,

돈 카자크는
볼가 강 유역을
점령한 다음
모든 재산을
평등하게 나누어
평등한 사회를
실현하는 것을
목표로 삼았다.

북쪽 나라라
농사철이
한정돼서
산업이
발달하지
못했다.

이듬해
주동자인
스테판 라진이
생포돼
모스크바에서
처형당하면서

발트해를
지배하던
스웨덴에
비해서는
열세에 놓여
있었다.

스웨덴

발트해

러시아

모스크바

폴란드

17세기 중반
러시아는 다시
키예프 등의
영토를 되찾아
폴란드와의
형세를 역전
시켰으나,

그러던 17세기 말…

근대화를 이룩하고 이웃나라 스웨덴에 대항할 힘을 길러 러시아를 서유럽에 견줄

강대국으로 이끈 차르가 나타났으니…

1682년 표트르 1세는 9살의 나이로 즉위했으나 이복누나 '소피아'가 섭정을 맡아 실권을 잡았다.

그의 이름은 바로 '표트르 1세' 였다.

소피아
이복누나

표트르 1세
러시아 차르

차르께서 아직 어리시니 누나인 내가 정무를 맡겠소.

소피아는 표트르를 궁정에서 멀리 두기 위해

이제부터 이곳에서 지내셔야 합니다.

예, 어머님.

표트르, 너에게 권력을 주지 않겠어!

모스크바 교외의 시골 마을로 추방했다.

오오
…!

군사 기술,
항해학 등

이 대포로
포탄을 쏘면
건너편
숲까지 도달
합니다.

안녕,
잘
지냈어?

뭐하고
있는
거야?

표트르 1세는 자주
외인촌을 방문해
네덜란드인들과
교류하며

궁전에선
배우지
못했던
것들로
가득해!

펜싱

어학

수학

유럽의
다양한 문화를
접하고 당대의
최신 지식을
익혔다.

때로는
사상자까지
발생했다고
전해진다.

비록 놀이에
불과했지만
상당히 본격적
이었기에

이때의 경험이
훗날 친위대
편성의 기초가
되었을 것으로
추정된다.

이러한 교류 외에
몰두한 것이
또 있었으니,

공격
하라!

친구들과
군대를
조직하고 노는
전쟁놀이였다.

청(淸)이 국경을 정하고 교역하고 싶다고 하던데,

흠… 조약을 맺는 걸로 할까?

누나 소피아는 내정을 다스리고 외교에서…

표트르가 외국 문화를 흡수하고 군사 교련을 통해 성장하던 이 시기,

이제

내가 직접 다스리겠다!

1694년 표트르 1세는 명실공히 실권을 장악했다.

1689년 청과 네르친스크 조약을 체결하는 등 활약했으나

러시아

네르친스크

스타노보이 산맥

네르친스크 조약에 의한 국경선

청

크림 칸국을 향한 두 차례의 원정이 실패하며 실각했고, 이후 표트르 1세에 의해 수도원에 유폐되었다.

이에
어떻게든
군함을
만들어

그렇다면
함대를
만들겠다!
외국인 출신
조선공을
고용하라!

표트르 1세는 오스만
제국으로부터 아조프
요새를 빼앗으려
했으나,

러시아

모스크바

키예프

아조프

흑해

바다에서
공격하지
못해
실패로
끝났다.

오스만 제국

오스만
제국으로부터
아조프 요새를
빼앗았다.

1696년
이 신설 함대를
이끌고

이번에는
이겼지만
이제 본격적
으로 해군을
양성해야…

그러기
위해서는
더욱더 외국을
참고할 필요가
있어!

이 사절단의 또 다른 목적은 서유럽으로부터 조선이나 항해술 등의 선진기술을 배워서,

러시아를 다른 서유럽 국가처럼 발전시키는 것이었다.

그리고 놀랍게도 표트르 1세는

신분을 숨긴 채 이 사절단에 참가했다.

내가 직접 배우려면 가명을 써야 하겠지…?

이듬해 표트르는 서유럽으로 사절단을 파견했다.

반오스만 동맹을 결성하기 위해 각국에 사절단을 파견하자!

자네 꽤나 훌륭한 조선공이 되겠어!

이런 건 자신 있소.

표트르 1세는 암스테르담, 잉글랜드에서

직접 조선 기술을 배우고

유럽 각국의 문명과 기술을 배워갔다.

공장, 병원, 학교, 법원을 견학하는 등

프스코프

리가

쾨니히스베르크

함부르크

런던

암스테르담

하노버

드레스덴

크라쿠프

프랑크푸르트

빈

키예프

【표트르 사절단 경로】

언젠가 우리나라에도 이런 해군을 …!

잉글랜드의 해군 대장이 되고 싶을 정도야.

러시아 차르보다 차라리 차라리

잉글랜드에서 해군 훈련을 견학하던 표트르 1세는 …

무척 감동했다고 전해진다.

모스크바에서 총병대가 반란을 일으켰습니다!

설마 누님께서…?

누님, 더는 용서하지 않겠어!

서둘러 귀국한다!

1698년 예정을 끝마치지 못한 채로 귀국했으나

지금 당장 진압 명령을 전달하라!

귀국 도중에 반란이 진압됐다는 보고가 들어왔다.

이윽고 표트르 1세는 개혁에 착수했다.

나는 서유럽 기술의 탁월함을 새삼 인식했다!

해군은 물론 산업이나 상업 분야까지 참으로 합리적인 통치 방식이었네.

우리도 이를 배울 필요가 있다!

스웨덴이 위협하고 있으니 서둘러야 할 것이야.

귀국한 표트르 1세는

소피아의 신분을 박탈하고 수도원에 유폐했다.

소피아는 수많은 병사에게 감시 받으며 생활하다 6년 뒤에 숨졌다고 한다.

이걸로 나를 죽이려는 사람은 없어졌겠지…

표트르 1세는 서유럽의 풍속을 도입해 러시아를 세련된 나라로 만들기 위한 개혁을 단행했다.

이 무렵 스웨덴은 30년 전쟁에 승리해 독일까지 영토를 넓히고

발트해 무역을 한 손에 쥐어 '스웨덴 제국'이라고 불렸다.

때마침 국왕은 18살이라는 어린나이에도 군사의 천재라고 불리던 '칼 12세'였다.

칼 12세
스웨덴 국왕

이듬해인 1699년 스웨덴에 대항하기 위해

덴마크 · 폴란드※ · 러시아 3국 간에 '북방동맹'이 맺어졌다.

스웨덴

러시아

발트해

ㅇ나르바

모스크바ㅇ

1700년 러시아는 드디어 스웨덴과 전쟁을 벌였다.

이것이 바로 21년간 이어진 '대북방 전쟁'이다.

이 싸움에 승리해 발트해로 진출하자!

러시아의 첫 번째 목표는 항구도시 나르바의 공략이었으나 대군으로 공격했음에도 칼 12세가 이끄는 스웨덴군에 참패했다.

※ 라틴어로 '황제'를 의미함

이 승리를 계기로
표트르 1세는 차르가 아닌
'임페라토르'를 칭해
'대제'라고 불렸다.

유럽 각국 역시
고대 로마 제국의
유서 깊은 칭호인
'임페라토르'를
서서히 받아들였다.

스웨덴에 승리함으로써
러시아가 유럽 세계의
일원으로 인정받게
된 것이다.

이후 1718년
스웨덴으로
귀국한
칼 12세가
다른 전투에서
전사하고
평화 교섭이
진행되면서

1721년
강화조약이
맺어져
대북방
전쟁이 종결
되었다.

러시아 획득지

러시아

스웨덴

상트페테르부르크

이로써
러시아는
발트해
연안에
영토를
획득했다.

199

※1 정교회의 최고위 성직자
※2 표트르 1세는 모스크바 대공국 시대부터 이어져온 귀족과 호족을 귀족으로 합침

이럴 수가 …

우리가 시키는 대로 하도록!

총 대주교※1 지위는 폐지!

또 정교회도 국가가 철저하게 관리해 세속 기관의 관할 아래 두었다.

정교회

중앙정부

표트르 1세는 중앙정부를 서유럽의 절대왕정을 본떠 정비하고, 전제정치의 합리화를 시도했다.

폐하께선 우리의 머릿속부터 국가의 체제까지

모든 것을 유럽식으로 바꾸길 원해서.

러시아 귀족※2들은 저택과 의상을 유럽식으로 바꾸고

춤을 배우고 외국어※3로 대화했다.

※3 당시 외국어는 폴란드어와 독일어. 18세기 중반에는 프랑스어를 주로 배움

200

이건 뭐, 이제 러시아인이 아니네…

정말일세

이 변화를 따라오지 못하고 있었다!

반면 농노들은

하… 면도하고 싶지 않은데, 그렇다고 세금을 내긴 싫고…

당신! 아직도 면도를 안 했어?

영주님도 그럴지 몰라… 저번에 알아듣지 못하는 외국말로 이야기하시더라.

폐하께서 외국인이 되어 버린 것 같아.

러시아를 더욱더 발전시키겠어!

교육이나 연구의 발전에는 아카데미가 필요해.

1724년 표트르 1세는 과학 아카데미 설립을 계획했다.

그러나 이 즈음 표트르 1세는 병마에 시달리고 있었다.

짧은 치세였으나 그 통치기에, 캬흐타 조약을 준비해 청과 몽골 지역의 국경을 확정하는 데 일조했다.

러시아

캬흐타

청

캬흐타 조약에 의한 국경선

그의 황후가 러시아 최초의 여제 '예카테리나 1세'로 즉위했다.

표트르 1세가 눈을 감은 바로 그날

옹정제
청 황제

예카테리나 1세
러시아 차르

우리 러시아에는 대학교가 필요하다!

1755년 엘리자베타는 모스크바 대학교를 창립했다.

1730년에는 표트르 1세의 조카 '안나'가 즉위했다.

이후 러시아에는 여제의 시대가 이어졌다.

안나
러시아 차르

나야말로 아버지의 이념을 계승한 차르다.

1741년에는 표트르 1세와 예카테리나 1세의 딸 '옐리자베타'가 즉위했다.

옐리자베타
러시아 차르

프로이센의 실력을 보여주지!

프로이센

오스트리아

프리드리히 2세
프로이센 국왕

우쭐대는 프로이센 놈들! 큰코다치게 해주마!

오스트리아! 힘내라!

마리아 테레지아
오스트리아 대공

또 1756년 7년 전쟁이 발발하자 오스트리아와 동맹을 맺어 참전했다.

새로운 차르가 프로이센의 편을 들자 반발한 귀족들이 쿠데타를 일으켜 결국 그는 퇴위당했다!

배상금조차 받지 않겠다니… 생각이 있나!

이제 조금만 버티면 이긴 건데 물거품이 됐잖아!

러시아 귀족들

표트르 3세
러시아 차르

하지만 이 전쟁이 한창이던 1762년 옐리자베타가 사망하자…

나는 프로이센의 프리드리히 대왕을 존경해! 프로이센을 도울 거야!

뒤를 이은 표트르 1세의 손자 표트르 3세는 뜬금없이 프로이센과 휴전을 맺었다.

기본적인 러시아어는 익히셨군요.

더 배우겠습니다!

러시아의 풍속을 몸에 익히고 언어와 역사를 배우며 러시아 정교회로 개종한 인물이었다.

이러한 태도든 국민들은 물론 귀족들에게까지 지지받았다고 한다.

시대에 적합한 법을 제정하기 위함이니

입법 위원회를 소집하라.

다양한 계층에서 대표를 선출해 참여 시키겠네.

그렇게 1762년 뒤를 이어 차르에 오른 이는 표트르 3세의 황후 '예카테리나 2세'였다.

예카테리나는 적국인 프로이센 장군의 딸이었으나,

게다가 예카테리나는 계몽사상을 배우고 법치주의를 표명했다.

법전을
편찬토록
하라.

예카테리나는
자신의 통치이념을
드러내는 「훈시」를
집필해

입법위원회의 대표는
귀족과 성직자,
상인과 농민,
카자크와 이교도,
소수민족 등에서
선출되었다.

다만
농노 계급은
배제되었다.

· 러시아는 유럽 국가다.
· 군주는 절대적이다.
· 모든 국민이 평등함에 있어 중요한 것은
　그들이 같은 법 아래에 복종하는 것이다.

예카테리나는
계몽전제군주
로서의 자세를
명확히 밝히며
이 「훈시」를
전 유럽에
퍼뜨렸다.

이
방침을
위원회에
전하라!

참고로
편지를 주고받던
프랑스의
계몽사상가
'볼테르'에게도
보냈다고 한다.

예카테리나는 대외 진출에도 힘을 쏟았다.

우선 약해져 있던 폴란드에 압력을 가해 자신과 친한 인물을 국왕으로 삼게 했다.

러시아

폴란드

○ 키예프

폴란드로 쳐들어갈 좋은 기회야.

폴란드 국왕을 마음껏 움직여 볼까?

귀족들도 독립을 요구하며 무장봉기를 일으켰다.

그러나 폴란드 국왕은 예가테리나의 의도와는 달리 국가 재건에 나섰고

내정에 간섭해 폴란드에 대한 영향력을 강화한 것이다.

1768년 러시아는 폴란드를 보호국으로 만들고자 시도했다.

예 에 ?!

이 사 쾌 사 쾌 저 건 저 건 래 래

쿡쿡, 사실상 우리나라의 지배 아래 됐다!

씨 익

우리도 좌시할 수 없어요.

이대로라면 폴란드 전역을 빼앗기고 말겠군.

러시아의 폴란드 지배에 위기감을 느낀 프로이센과 오스트리아도 진군해왔다.

이게 무슨! 나에게 반발 하다니!

이에 예카테리나는 군대를 파견했으나.

요제프 2세※
신성로마 황제

프리드리히 2세
프로이센 국왕

※ 마리아 테레지아의 아들로, 오스트리아 대공을 겸함

러시아

프로이센

폴란드

오스트리아

【제1차 폴란드 분할】

각국이 폴란드 영토를 분할하는 것으로 합의했다.

1772년 러시아와 프로이센 · 오스트리아 3국은 빈과 상트페테르부르크 에서 회의를 열고

이로써 폴란드는 국토의 30%를 잃었다.

※ 우랄 강 중류 지역

1773년 점점 엄격해지는 농노제 및 병역에 시달리던 농노와 농민들의 불만이 최고조에 달했을 무렵,

귀족들의 무거운 세금과 고된 농노제, 병역으로부터

모든 국민을 해방하겠다고 맹세한다!

나야말로 표트르 3세! 로마노프 왕가의 정통 차르다!

야이크* 지방에 한 사람이 나타났다.

푸가초프
돈 카자크의 지휘관

힘들 때일수록 한마음으로 단결하라!

이는 곧 수만 명의 대규모 반란으로 번졌다.
(푸가초프의 난)

황위를 찬탈한 얄미운 예카테리나를 쓰러 뜨리자!

자! 나와 함께 가자!

푸가초프가 스스로를 표트르 3세 라고 칭하며 호소하자

와

각지의 카자크와 농노, 농민, 이민족까지 합류했다.

와아 와아 와아

210

오스만 제국과 싸우고 있는 이 상황에 골치 아픈 일이…

당장 반란군 놈들을 진압하게!

볼가 강 하류에서 농민들이 쳐들어 옵니다!

폐하, 반란이 일어 났다고 합니다!

1775년 반란은 진압되었다.

푸가초프는 붙잡혀 모스크바에서 처형되었고

와 와 아 아

1774년 정부군에 대패하고 말았다.

이후에도 반란군은 빠르게 진격했지만

그리고 지방 귀족들 중에 판사와 관리를 선출해 행정 참여를 유도했다.

예!?

자네가 해

같은 해 예카테리나는 지방개혁을 실시해 주(州)와 군을 재편하고 각각의 권한을 문서로 명백히 규정했다.

지방이 약해져서 이런 반란이 일어나는 거야.

정치체제가 무너졌다는 거잖아!

이걸로 얼지 않는 항구를 얻었다!

이 조약으로 아조프[※1] 등 흑해 연안을 획득함으로써

러시아는 흑해에서 지중해로 이어지는 무역로를 손에 넣었다.

[러시아 획득 영토]

러시아

아조프

크림 반도

흑해

오스만 제국

잠시 시간을 거슬러 올라 1774년…

예카테리나는 1768년부터 지속된 오스만 제국과의 전쟁에서 승리해 '퀴취크 카이나르자' 조약을 맺었다.
(러시아-튀르크 전쟁)

이후 러시아는 흑해 연안을 개척해, 크림 반도에 군항을 건설했다.

이들이 조약을 위반하고 반란을 일으키자 1783년 병합했다.

또 오스만 제국의 지배를 받던 크림 칸국을 독립시켰으나

압뒬하미트 1세
오스만 제국 술탄

212

※2 외교 협상에서 상대국에 우호적으로 내놓는 마지막 요구

폐하, 오스만 제국이 분노한 나머지 최후통첩※2을 보내왔습니다.

흥, '수보로프'를 보내라.

1787년 오스만 제국은 러시아 측에

크림 반도와 흑해 연안에서의 철군을 요구했지만

러시아는 이름난 장군인 수보로프의 지휘로 전투에서 우위를 점해

오스만 제국의 영토 내로 진격하고 있었다.

수보로프
러시아 장군

이 전쟁에서 러시아는 오스트리아와 동맹을 맺었다.

러시아는 이를 거부하고 오스만 제국과 재차 전쟁을 벌였다.

오스트리아

러시아

아조프

크림반도

흑해

오스만 제국

이런 가운데 예카테리나에게 한 소식이 전해졌다.

폐하!

그, 그런 끔찍한 일이!

지방에서는 농민들이 귀족의 성을 불살랐다고 합니다!

파리에서는 봉기한 민중이 바스티유 감옥을 점거하고

그것은 1789년 '프랑스 혁명'이었다.

프랑스에서 혁명이 일어났다고 합니다!

우리나라에서만큼은 혁명이 일어나지 않도록 해야 해…

결코 남의 일이 아니었기에 큰 충격으로 다가왔다.

푸가초프의 난을 겪은 예카테리나에게 프랑스 혁명은

극도 혁명사상이나 혁명정보는 단속하지 않았지만

농노제를 비판하는 책을 집필한 귀족 작가는 시베리아로 유배보냈다.

우선 반체제적인 책을 집필한 자들부터 단속해야겠어.

러시아

아조프

크림 반도

흑해

1792년
오스만 제국은
강화에 응해
러시아는 많은
영토를 획득했다.

오스만 제국

예카테리나는 오스만 제국과의 종전을 결심하게 되었다.

또 이 혁명의 여파로 오스트리아가 동맹을 이탈하자

그러나 이는 다시 러시아와 프로이센의 개입을 초래하고 말았다.

1791년 헌법을 제정하고 근대적 의회 설립을 시도했다.

한편 이 무렵 국토가 분할돼 위기감이 고조된 폴란드에서는 국정을 개혁해

리가

발트해

러시아

프로이센

바르샤바

키예프

오스트리아

【제3차 폴란드 분할】

러시아와 프로이센, 오스트리아에 분할되면서 국가로서의 폴란드가 소멸했다.

결국 두 번의 침공※으로 폴란드의 모든 영토가

진보적인 헌법 이라고!? 이대로 혁명이라도 일어나면 큰일이야!

※ 1793년(오스트리아는 불참)과 1795년

215

상트페테르부르크 근처 별궁

차르가 된 지 어언 30여 년

교육에까지 힘을 쏟고 계시지 않습니까.

폐하, 폐하께선 우리나라를 강국으로 만드신 데다,

아직도 해야 할 일이 산더미 같구나.

예카테리나는 문화, 교육의 정비에도 힘을 쏟았는데,

※ 프랑스어로 '은둔자'라는 뜻

1762년 엘리자베타는 건설을 지시한 겨울 궁전이 완성되자

옆쪽 별궁 '에르미타주'※에 그동안 수집했던 수많은 미술품을 전시했다.

이 궁전들은 오늘날 '에르미타주 미술관'으로 쓰이고 있다.

1783년에는 '러시아 아카데미'를 창설했다.

이곳에서 러시아어 사전이 편찬되면서 러시아 문학이 번성하는 토대가 마련되었다.

다시코바 공작부인 러시아 아카데미 총재

1764년에는 귀족 규수들의 교육을 위해 '스몰니 연구소'를 설립했으며,

손자인
알렉산드르를
무척 귀여워했다.

예카테리나는
프로이센을
좋아하는 아들
파벨을 싫어하고

그런데
내 손자
'알렉산드르'는
어떻게 지내고
있느냐?

알렉산드르
대공 · 손자

파벨
황태자 · 아들

차르
토리스키는
옛 폴란드의
귀족 출신으로
폴란드 분할
이후
러시아에서
일하고
있었다.

아담 차르토리스키
폴란드 귀족

알렉
산드르
대공
께서는
'차르토리스키'
님과 토론을
즐기고
계십니다.

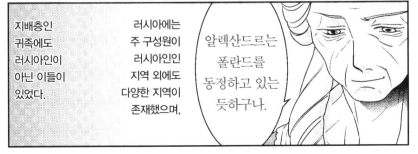

지배층인
귀족에도
러시아인이
아닌 이들이
있었다.

러시아에는
주 구성원이
러시아인인
지역 외에도
다양한 지역이
존재했으며,

알렉산드르는
폴란드를
동정하고 있는
듯하구나.

서류에는 알렉산드르를 후계자로 삼는다는 내용이 쓰여 있었다고 한다.

전하, 승계에 관한 서류입니다.

예카테리나 역시 파벨을 정치에서 멀리 떨어뜨리고 상트페테르부르크에 최대한 접근하지 못하게 했다.

파벨은 아버지 표트르 3세를 쿠데타로 폐위시킨 어머니를 미워했다.

1796년 67살의 나이로 숨을 거뒀다.

표트르 1세에 이어 '대제'라고 불리던 예카테리나 2세는 그렇게…

정해진 순서에 따라 남자만 계승할 수 있도록 정했다.

1979년에는 「제위 계승법」을 제정해

이걸로 여자 차르는 더 이상 없다.

어머니는 지금껏 나를 생각지도 않으셨지만

이제 내가 차르다!

이후 파벨은 어머니의 공적을 잇달아 부정해 갔다!

예카테리나의 뒤를 이어 파벨 1세가 즉위했다.

프랑스에서 '나폴레옹 보나파르트'가 권력을 잡자 그에 심취해 반영동맹 협상을 시작했다.

외교면에서는 오스트리아, 영국과 함께 대프랑스 동맹에 참가했으면서

영국

오스트리아

러시아

프랑스

또 예카테리나가 귀족에게 부여했던 특권을 폐지해 많은 귀족의 반발을 샀다.

파벨은 이러한 내정과 외교의 실책으로 인해 1801년 쿠데타에 의해 살해당했다.

이렇게 예카테리나가 사랑한 손자 알렉산드르 1세가 러시아의 황위를 계승하게 되었다.

나는 할머니의 뜻을 이어받아 러시아를 유럽의 강대국으로 만들고 싶다!

알렉산드르 1세
러시아 차르

그는 자유주의 사상을 존중하고 계몽군주의 이상을 지닌 젊은 군주였다.

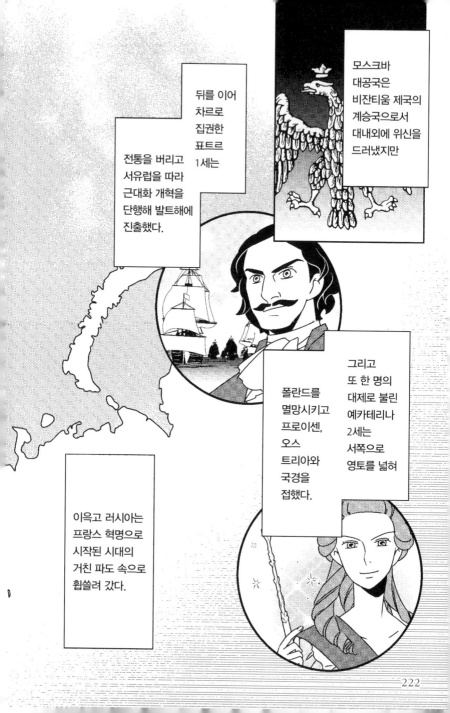

모스크바 대공국은 비잔티움 제국의 계승국으로서 대내외에 위신을 드러냈지만

뒤를 이어 차르로 집권한 표트르 1세는

전통을 버리고 서유럽을 따라 근대화 개혁을 단행해 발트해에 진출했다.

그리고 또 한 명의 대제로 불린 예카테리나 2세는 서쪽으로 영토를 넓혀

폴란드를 멸망시키고 프로이센, 오스트리아와 국경을 접했다.

이윽고 러시아는 프랑스 혁명으로 시작된 시대의 거친 파도 속으로 휩쓸려 갔다.

프란츠 2세
신성로마 제국 황제

프리드리히
빌헬름 3세
프로이센 국왕

나폴레옹 1세
프랑스 황제

알렉산드르 1세는
그 격동의 시대에
거대한 힘을 가진
한 국가의 리더로서
활약했다.

주요 참고도서·자료

【서적】

- 山川出版社,『新世界史B』(개정판)/『詳説世界史B』(개정판)/『山川 詳説世界史図録』(제2판)/『世界史用語集』(개정판)
- 岩波書店,『大航海時代叢書 第Ⅱ期1 ヨーロッパと大西洋』
- 河出書房新社,『図説イギリスの歴史』/『図説オランダの歴史』/『図説フランスの歴史』/『図説ブルボン王朝』
- 講談社,『近代ヨーロッパへの道』/『東インド会社とアジアの海』
- 中央公論新社,『世界の歴史14 ムガル帝国から英領インドへ』/『西洋美術の歴史6 17〜18世紀 バロックからロココへ、華麗なる展開』/『大英帝国インド総督列伝 イギリスはいかにインドを統治したか』
- 日本経済評論社,『大邸宅と奴隷小屋 上・下』
- 平凡社,『甘さと権力 砂糖が語る近代史』/『南アジアを知る事典』/『ロシア・ソ連を知る事典』
- 山川出版社,『新版 世界各国史7 南アジア史』/『新版 世界各国史14 スイス・ベネルクス史』/『新版 世界各国史24 アメリカ史』/『新版 世界各国史25 ラテン・アメリカ史Ⅰ メキシコ・中央アメリカ・カリブ海』/『新版 世界各国史26 ラテン・アメリカ史Ⅱ 南アメリカ』/『世界各国史4 ロシア史』/『世界歴史大系 イギリス史2』/『世界歴史大系 フランス史2』/『世界歴史大系 南アジア史2』/『世界歴史大系 南アジア史3』/『世界歴史大系 ロシア史1』/『世界歴史大系 ロシア史2』/『ルイ14世とリシュリュー 絶対王政をつくった君主と宰相』
- Oxford University Press,『A Historical Atlas of South Asia』
- Thames & Hudson,『Chronicle of the Russian Tsars』
- 大月書店,『輪切りで見える! パノラマ世界史③ 海をこえてつながる世界』
- KADOKAWA,『角川世界史辞典』
- 河出書房新社,『図説スペインの歴史』/『図説ポルトガルの歴史』/『図説帝政ロシア 光と闇の200年』/『図説ルイ14世 太陽王とフランス絶対王政』/『図説ロシアの歴史』
- グラフィック社,『西洋コスチューム大全 普及版 古代エジプトから20世紀のファッションまで』
- 小学館,『図説インカ帝国』
- 創元社,『ロシア皇帝歴代誌』
- 中央公論社,『ピョートル大帝とその時代 サンクト・ペテルブルグ誕生』
- 中央公論新社,『イギリス東インド会社 軍隊・官僚・総督』

【WEB】

NHK高校講座 世界史, 国立国会図書館, 京都服飾文化研究財団デジタル・アーカイブス, NHK for School

이 책을 만든 사람들

- 감수: 하네다 마사시(HANEDA MASASHI)
  도쿄대학 명예 교수

- 플롯 집필·감수:

  제1장　가지와라 요이치(KAJIWARA YOHICHI)
  　　　　교토산업대학 조교수
  　　　　야마모토 다에코(YAMAMOTO TAEKO)
  　　　　국제기독교대학 조교수

  제2장　이사카 리호(ISAKA RIHO)
  　　　　도쿄대학 준교수
  　　　　스즈키 히데아키(SUZUKI HIDEAKI)
  　　　　국립 민속학 박물관 준교수

  제3장　마쓰오 슌스케(MATSUO SYUNSUKE)
  　　　　도쿄대학 조교수

  제4장　이케모토 교코(IKEMOTO KYOUKO)
  　　　　다이토문화대학 준교수

- 자켓·표지: 곤도 가쓰야(KONDOU KATSUYA)
  　　　　스튜디오 지브리

- 만화 작화: 이오 요헤이(IIO YOHEI), 사쿠라(SAKURA)

- 내비게이션 캐릭터: 우에지 유호(UEJI YUHO)